prayer energy

あなたのスピリットを高め
人生と世界を豊かにする

祈りの力を活かす

リチャード・ローレンス 著

石原 まどか 訳

マーク・ベネット 協力

ガイアブックスは
地球(ガイア)の自然環境を守ると同時に
心と体内の自然を保つべく
"ナチュラルライフ"を提唱していきます。

Published in 2009 by CICO Books

Text © Richard Lawrence 2009
Design © CICO Books 2009

The author's moral rights have been asserted. All rights reserved. No part of this publication may be reproduced, stored in a retrieval system, or transmitted in any form or by any means, electronic, mechanical, photocopying, or otherwise, without the prior permission of the publisher.

Printed in China

Editor: Marion Paull
Designer: David Fordham
Jacket photography: Patrick Molnar, Getty Images

目次

はじめに　祈りとの出会い　6
序文　8

第1部
祈りのエネルギーを体験する　13

思考は物質である　14
愛とはなにか？　22
どんなことを祈るか　28
感情をこめて言おう　32
どこで祈るのか　37
カルマ　44
ゆるし　50
癒し　52
ヨーガと悟り　54
神とはなにか？　61
祈りの英雄たち　64

パラマハンサ・ヨガナンダ──西洋へ渡ったヨーガ行者
ルーミー──全身全霊で神に情熱を捧げた詩人
アヴィラの聖テレサ──神秘的な力を持つ修道女
ジョージ・キング博士──祈りの科学のマスター

第2部
祈りのエネルギーを活用する　87

行動　88	癒し　120
旅　91	動物　123
感謝　93	運命　127
天使　96	信仰　131
叡智　102	祝福　136
明晰さ　104	宇宙　141
勇敢さ　106	地球　144
導き　109	成功　148
子供　113	平和　150
共感　116	世界　155

索引　159

はじめに
祈りとの出会い

「吟味されざる生に
生きる価値なし」

ソクラテス

　私が祈りのエネルギーというものを初めて体験したのは大学生のときで、それ以後、私の人生は一変してしまいました。

　私はカンタベリーの大聖堂に付属した公立校で教育を受けました。父は英国国教会の敬虔なクリスチャンでしたので、昔から私の人生において宗教は重要な役割を果たしていました。しかしその役割の性質が劇的に変化したのです。

　十四歳のある朝、私は人生の意味を知りたいという欲求に駆られて目覚めました。あまりに突然のことでした。前夜、私は現在の自分の人生の空しさを意識し、十代の日々を楽しく過ごしていたにもかかわらず——大勢の友人、パーティー、音楽、その他もろもろ——その大いなる問いの答えを知りたいという切実な思いが頭を離れなかったのです。

　当時の私が最もがっかりしたのは、誰も満足のいく答えを示してくれなかったことではなく、誰ひとりその問題を真剣に考えていないらしいことでした——少なくとも私ほどには。私が通う学校に併設された寺院に所属する英国国教会の長老に、この難問を突きつけたときの反応がその典型です。その人はきわめて単純かつ不十分な助言で話を締めくくりました。「あまりよくよく考えるな。そのうち慣れるさ」

　大学で私はラージャ・ヨーガの道に出会いました。その当時流行していた、瞑想による霊的成長のシステムです。その深遠な古代の教えは、かつて味わったことのない

直感的なレベルでの安心感をもたらし、これが探し求めていたものかもしれないと思いました。ところがその後まもなく、私は人生を一変させる道に出会ったのです。

　私は博士課程の学生ジョン・ホルダーが主催した講演会に参加しました。世界にスピリチュアル思想を広めるため、1955年にジョージ・キング博士が設立したエゼリウス・ソサエティについての講演会です。内容はさまざまな分野に及び、その中のひとつにダイナミックな祈りというものがありました。学生寮に戻った私は、習ったテクニックを5分か10分ほど実践してみました。すると驚くべきことに、祈りのエネルギーがオーラにみなぎるような感じで、全身がびりびりしました。けれどもそのときは、それがなんなのかわかりませんでした。私はその感覚がいずれ消えることを願ってベッドに入りましたが、いつまでも静まりません。何時間も眠ろうと努力しましたが無駄でした。自分を眠れないほど興奮させている感覚の正体がわからないので、それを静める手立てもありません。

　明け方の4時になり、ついに我慢の限界を超えました。そこで起き上がり、何マイルか離れたところに住むセミナーを計画した学生のところへ行き、迷惑も顧みずやけっぱちで彼を起こしました。しかし無駄でした。彼にもなにが起こったのかさっぱりわかりませんでした。彼にできるのはジョン・ホルダーの連絡先を教えてくれることぐらいで、私は翌日連絡をしてみました。ジョンは私が出会った中で最も偉大な教えを明かしてくれました。それにはつねに感謝しています。私たちは固い友情で結ばれ、その関係は今日まで続いています。

　私はついに求めていた答えを見つけたのです。それ以来ダイナミックな祈りは私の人生の重要な部分を占めています。キング博士はこのシンプルかつパワフルなテクニックを、古代の原理に基づいて、誰でも活用できるように考案しました。ヨーガのマスターでもある博士は、のちに私の師となり、親しい友となりました。

序文

「祈りによって、この世界が夢見るより
　はるかに多くのことが書かれた」

アルフレッド・テニスン卿

祈りとはなにか？

祈りとはエネルギーにつながり、伝達する方法です。祈りは喜び、直観のひらめき、癒し、平和、活気、そしてこの上ない幸福感をもたらします。

　従来の誤った考えを今すぐ正そうではありませんか。

- ❖ 祈りはつまらない義務や無意味な務めではなく、
  脈動する生きたパワーである。
- ❖ 祈りは希望を砕かれた者の絶望の叫びではなく、
  無数の難問の実用的な解決である。
- ❖ 祈りは怖れや見せかけの信仰によって行うものではなく、
  勇気と愛によるものである。

　祈りについての理解が広まり、より多くの人々によって日々実践されれば、それらの人々の人生が変わるだけでなく、世界中が変わっていくと私は心から信じます。なぜかって？　それは祈りには実際に効き目があるからです。祈りの性質が明らかとなり、それがどのように働くかを私たちが理解するようになれば、自分は信心深いと称する人々がしばしば襲われるとまどいや疑いの念は、すべて消え去ることでしょう。

すべての創造物はエネルギーによって生み出されました。インドの哲学では、このエネルギーはプラーナとして知られています。中国においては気（qiあるいはchi）、日本においても気と呼ばれています。それはギリシアのプネウマという概念や、南太平洋のメラネシア人のマナという概念とも似ています。しかし呼び名はべつにどうでもいいのです。重要なのはそれがなんなのか、そしてどういう働きをするのかです。「宇宙に偏在する生命の力」というのが最も適切な表現でしょう。なぜならまさしくそうだからです。大宇宙に偏在する生命の力。それは生命そのものです。そしてさらに注目すべきなのは、私たちはみんな思考のパワーによってそのエネルギーを呼び起こし、使うことができるということです。私たちはなにかが欲しいとき、欲望は私たちを磁石にしてそのエネルギーを引きつけます。私たちは意識的にせよ無意識にせよ、思考によってそのエネルギーを方向づけ、特定の結果を得ているのです。これらは想像的視覚化、あるいは意図のパワーで、真の祈りではありません。

真の祈りとは？

真の祈りは、私たちが望むものを手にするための道具ではありません。それは愛の表現です。正しく祈るには、ハートを利己的な欲望の鎖から解き放ち、愛のパワーをこめてそのエネルギーを呼び覚まさなければなりません。愛はエネルギーが目的に向かうための乗り物であると考えてみてください。偉大なヨギ、スワミ・ヴィヴェーカーナンダはこう言っています。「プラーナから愛を作り出すことに成功した瞬間、あなたは自由になるのだ」。

ブータンの42代大僧正トリンル・ゲルチェンの布製仏画（部分）。アップリケ刺繍、1905年

祈りの効用は、人々が偉大な創造主と勘違いしがちな神話上の神の気まぐれやえこひいきとは関係ありません。反対に科学と同じように正確な方法なのです。実際、科学と言えるでしょう。それを理解する科学者はほとんどいませんが。これは人が祈りの中心へ向けて、愛をこめたエネルギーを送るための、科学的な公式なのです。祈りがどれだけ効果を発揮するかは、基本的に次の事柄にかかっています。

❖私たちがどれだけたくさんのエネルギーを呼び起こし、送るか。
❖どれだけこのエネルギーに愛をこめられるか。
❖あなたが祈る状況、あるいは状態のカルマ。

この観点から見ると、

私たちの祈りが叶えられないと思えるときに、疑いで不安に駆られる必要はなくなります。祈りは自然の力です——迷信ではありません。「昨日の晩、世界平和のために五分間祈ったけれど、戦争はまだ続いているから、神は存在しないんだ」などという発言は愚かしく浅はかです。世界平和をもたらすには、とてつもない量のスピリチュアル・エネルギーが必要なのです。実際、超自然的なことに聞こえるかもしれませんが、正しい質と量のスピリチュアルなエネルギーをもってすれば、世界をまったく変容させることができます。実質的に祈りについて私が知っていることはすべてキング博士から学んだのですが、博士はこう教えています。本当の地球のエネルギー危機とはスピリチュアル・エネルギーの危機であり、この状態が正されるまでは、人類はより低次元のエネルギーの不足につねに悩まされ続けるだろう。祈りは紛れもなくこの危機を解決できる最高の方法なのだ。
　祈りについては個人的に明確な考えがあり、それは私にとってとても大切なテーマですが、これはあくまで万人向けの本であることを強調します。みなさんはただ、祈りには効用があるという考えに心を開き、試しにやってみようという気持ちがあればい

ウィリアム・ブレイク作「天啓を告げる天使」
1805年頃

いのです。すべてにおいて信念を同じくする必要はありません。

　私と同僚で友人のマーク・ベネットは以下の簡明かつ時代にあったスローガンを思いつきました。「世界の宗教がひとつになるとき、あなたがたが失うのは教義のみ」。みなさんが創造主をどう呼ぼうとかまいません、神、ブラフマン、アラー、エホバ、グレート・ホワイト・スピリット、ザ・ウェイ、ヘヴン、なんでもいいのです。あなたがたのハートにある愛のほうが、頭を占める教義よりはるかにずっと大切です。祈りは選ばれた数少ない人々のためのものではありません。すべての人のためのものです。真の祈りがもたらす恩恵を味わうことは、すべての信仰を持つ人――あるいは持たない人も――の生まれながらの権利なのです。

　私たちはみな、この限りない愛のエネルギーのチャネルとなることによって、それが思考、言葉、行い、あるいは祈りから生じたかどうかにかかわりなく、今この瞬間から世界を、そして私たち自身の人生をよりよく変えていくことができるのです。

　あなたも試してみれば、これがどんなに素晴らしいものかわかるでしょう！

第1部

祈りのエネルギーを
体験する

ある夜更けに私はいつもの瞑想を終えてベッドに寝ていました。しだいに思考がさまよい、眠りへと入っていきました。

　すると、奇妙に思われるでしょうが、ふいに緑色が強く意識にのぼってきたのです。ぼんやりとした緑色ではなく、すべてを包み込むような燦然と輝く緑の光がいきなり寝室に満ちあふれ、私はリラックスすると同時に妙に覚醒していました。

　この未知の現象に対する最初の驚きと軽い混乱がおさまると、私は思いを流していきました。悪いことではないとわかったからです。私はスピリチュアルな修練を20年続けてきたおかげで、神秘的な現象の善し悪しが判断できます。不吉なことはなにも起こらないとわかっていました。緑色はもちろん調和の色であり、私は寝ながらこの奇妙な現象の原因をぼんやりと考えているうちに、ようやく合点がいきました。

　なぜ合点がいったかって？　それは思考が物質だからです。

思考は物質である

私たちが思うことすべては、私たち自身の人生と同時に周囲の世界にも影響を与えています。

　思考は一般的な概念に反し、金魚鉢の中の金魚のように脳の中に閉じ込められているわけではありません。脳は、私たちの広大な意識の海から思いを受け取り、伝達する機械にすぎません。言ってみれば、電波を受信して音として伝えるラジオみたいなものです。そしてやはりラジオのように、脳も違う周波数に合わせることができるのです。ラジオは最近の犯罪ニュースを放送する局に合わせることもできれば、優雅なモーツァルトを聴くこともできます。同じように脳もきわめて低俗なことから素晴らしくインスピレーションに満ちた考えへ、思考の周波数を変えることができます。

　さらに脳はラジオ受信機としてだけではなく、送信機としての働きも持っていて、距離を超えて思考を送ることができます。むしろ、活動している脳はそうせざるを得ないのです。すべての思考は私たちの肉体から意識の大海へと漂い出て、良くも悪くも影響を及ぼしています。

　肯定的な思考をすることで健康や幸福を得る方法はすでに確立されています。潜在意識が肯定的な情報に反応し、心身が改善されるのです。ところが思考は本人だけでなく他者へも実際に影響を与えているということが、最近少しずつ明らかになってきました。

否定的な考えに圧倒され、怒りや嫉妬などの悪感情でいっぱいの人は、自分自身だけでなく出会う人やさらに実際に会わない人にまで、ある程度の害を及ぼしています。なぜでしょう？　それはその人たち自身がきわめて次元の低い心の周波数となり、それらの思いをはじめに脳に入ってきたよりもっと悪い状態で外へ送り出しているからです。

　では今度は、苦難の中でも前向きな姿勢を忘れず、つねに感謝と強い意志、親切心、生きることへの愛、無私の心で満たされている人を考えてみてください。純粋にこのような心持ちの人がまわりにいたら、それは素晴らしいことです。こういう人たちは私たちの波動を上げ、世界をよりよく変えてくれます。こういう人たちがまわりにいると、実際に場がよくなるのです。そのような人たちといると気分がいいのは、かれらが直感的に良い言葉を使うからだけではなく、かれらの脳が良い考えを送り出しているからです。脳が高い周波数に合っている人たちは、かれら自身がチャネルとなってスピリチュアルなエネルギーをあふれるばかりに放っているのです。

　こういうことを理解していくと、思いには重大な責任が伴うことがわかります。誰かに対して悪意や復讐心を抱くことは、無害なおふざけではすまされません。実際にその相手に害をなすのです。もっとも私たちは大いなる可能性を秘めた脳のほんの一部しか使っていないので、深刻な害にはならないかもしれませんが。逆に考えれば、こちらのほうが重要ですが、私たちは自分で思っているより人の役に立つチャンスがあるということです。信じようと信じまいと、私たちは思考ひとつで人を助けることが可能なのです。

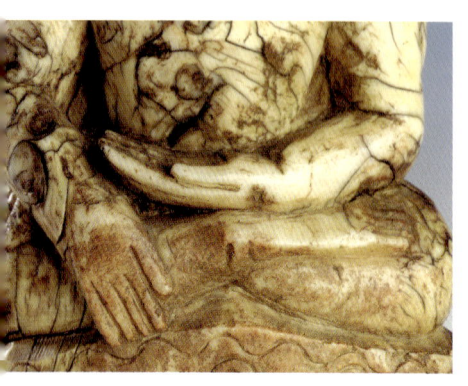

蓮花座を組む仏陀の象牙像（部分）。
19世紀、ビルマ

❖ ❖ ❖

　ところで、前述した謎の緑色の光の正体とそれが私の寝室にあふれた理由はなんだったのでしょうか。
　最近、私の書いた『*Journey Into Supermind*（仮題　超意識への旅）』という本が出版されたばかりでした。その中で緑色の光をイメージするというエクササイズがあり、ラジオでもそれについて話していました。私が思うに、読者やリスナーがこのエクササイズをするようになり、かれらにそれを教えた私が意識の海に放たれたすべての"緑色"を拾ってしまったのでしょう。イメージしていなくても、無意識にその周波数に合ってしまい、なんとも鮮やかな緑色が寝室に広がるという現象にいたったのです。

ポジティブな態度と祈り

しかし重要なのはいかに思考が人々に影響を与えるかではなく、私たちがいかに思考をコントロールして人の役に立てるかです。どうしたら私たちはもっとポジティブになれるでしょう？　どうしたらネガティブな思いを放たないよう自分をコントロールできるでしょうか？
　正直、それは簡単なことではありません。私たちの多くは長い間、心を野放しにしてきましたし、古い習慣はなかなか捨てられないものです。でも内側から変わることはじゅうぶん可能であり、今すぐにでもそうする価値はあります。
　ポジティブな確言を繰り返し唱えると素晴らしい効果が期待できます。たとえば「日々、あらゆる面で、私はますます良くなっている」。しかし確言が本当であるよう

気をつけてください。嘘の確言を唱えると、あなたが言っていることは本当ではないと潜在意識に働きかけることになり、かえって悪影響を及ぼします。

ヨーガの呼吸法は、私たちの思考の波長を上げる優れた方法です。P.56の簡単なテクニックを参考にすれば、その効果が実感できるでしょう。

それに祈りを神との霊的な交わりと考えるなら、思いを高いレベルに合わせることがなによりの方法ではないでしょうか。もしあなたが祈るのが上手なら——ちょっとの練習で誰にでもできますが——あなたの生命そのものが祈りの神聖な香気をまとい、日々の生活においてよりいっそうポジティブになっていくことでしょう。

右：仇英作「蓮渓漁隠図」（部分）16世紀。平和な安らぎの図。

スピリチュアルな道を進む人々にとって——私も例外ではありません——思考が現実化するという出来事は大なり小なり無数に起こります。実際、あまりにも自然に数え切れないほど起こるので、それが生活の一部になってしまうのです。

初対面の人の思考パターンに波長を合わせることが、握手して「こんにちは」と言うのと同じくらいあたりまえになります。と言っても、相手のすべてがわかるとか、心が読めるというのではなく、相手の放つ思考やエネルギーを敏感に感じられるということです。それと同様に、出会う人が放つ思いにすべてのことが吹き込まれているので、あなたは初めての場所でもその場の波動に楽に合わせることができます。

サイコメトリーとは、物体に染みついたエネルギーに波長を合わせるという心霊科学です。その物体に接した人の霊的エネルギーが素粒子と素粒子の隙間に残されています。だからたとえば、あなたが毎日はめている指輪を手にした霊能者は、あなたが無意識に指輪に注ぎ込んだ情報を感じ取れるのです。眉つばだと思うなら、

「アブラハムと三人の天使」(部分)。
天使の歓待を描いたモザイク画。

あなたも試しにやってみるといいでしょう。私の主催するワークショップでは、この種のことをまったくしたことのない人たちが、赤の他人の指輪や時計を手にして、受け取った印象がいかに正確であるかに驚いていました。

　ほかの心霊的なテクニック、たとえばテレパシーなども、思考の自由な動きを説明づけるものです。ある印象的な出来事がありました。生徒たちに知らない相手とペアを組んで、交代にひとつの物を思ってみてください、と言ったときのことです。片方の人は相手が思っている物を当てます。ほとんどの人はこういうことをするのが初めてだったので、私はわかりやすい物を思うようにとアドバイスしました。しかしひとりの生徒はそれを無視して、スズカケノキに意識を集中しました。すると驚くことに、ペアの相手は正確に言い当てたのです。このふたりはテレパシーの練習をしたことは一度もなく、自分にそんな力はないと思っていました。その場でスズカケノキやほかの樹木についての話をしたことはなく、ワークショップが開かれていたホテルの部屋に木は一本もありませんでした。それでもその生徒はこのおよそ考えつきにくいイメージをどこからともなく受け取ったのです。

　これらの例は思考の働きについて教えてくれます。祈りを理解する上でそれを知

ることは不可欠ですが、ひとつ覚えておかなければならないのは、祈りにははるかに多くの可能性があるということです。祈りはスピリチュアルなやり方で思考をパワフルに送り出す方法です。思考は転送できるということを自覚すると、私たちの生き方は変わらざるを得ません。そしてこの変化が祈りを通して表れたら最高です。もはや私たちは体に閉じ込められたたんなる肉の存在ではなく、なにをするにも手足と感覚に頼らなければならない、ということはなくなります。私たちは今まで自分にあるとは知らなかった超能力を持つスピリチュアルな存在なのです。

「私たちの今ある姿は、私たちの思ったことの結果だ。
 思いをもとに、思いによって創られている。
 純粋な思いで話し、行動する人には幸せが影のごとく付き従う」

仏陀の言葉　法句経第二節より

「そいつを殴れ！　殴れ！　殴れ！　殴れ！……」

　悪意に満ちたはやし声は耳を聾するばかりでした。私は恐怖を感ずるまい、少なくともそれを見せまいと努力しました。教室にいる40人あまりの10代の少年たち全員が私に敵意を示し、冗談ではなく心から私をぶちのめしたいと思っているようでした。

　70年代のはじめに、ある荒れた学校で音楽の教師として初めての授業を持ったときのことです。私は生徒たちより2、3歳年が上なだけで、私を殴れとけしかけられている"札付きの不良"に比べて体格も劣っていました。その少年はのちに副校長の頭をクリケットのバットで殴り、化学の教師のひげに火をつけて、退学処分になりました。

　もはや説得が通じるような状況ではありません。説教などすれば、銃に剣で向かうようなものです。力で対抗しようにも、法律があるからには、たとえ生徒をやっつけても、私が逮捕されてしまうでしょう。祈りが唯一の手段でした。

　キング博士に教えてもらった"護身の術"と呼ばれるスピリチュアル・エクササイズを思い出し、私は敵対する相手を曇りのない目でじっと見つめ、全身全霊で純粋な愛をこめて彼を心の中で祝福しました。危険な状況であるにもかかわらず、神聖なる神秘の光がゆっくりと、確かに、とても優しく私からあふれだすのがわかりました。生徒の攻撃的にゆがんだ表情と敵意に満ちたまなざしが無言のうちに和らぎ、服従へと変わりました。悪意あるはやし声はいつのまにか止み、音楽の授業がはじまりました。

愛とはなにか？

"愛"という言葉はさまざまに使われます。親子、友人同士、夫婦、飼い主とペット。またセックスを指すこともあります。物に対しても使われます。たとえば「私の愛車」などというように。

けれども真の愛はこのような限られたものではありません。

人間同士の愛は複雑です。ほとんどはよいものですが、そうでないものもあります。たとえば母親が赤ちゃんに抱く母性愛は素晴らしいものですが、嫉妬や独占欲などにつながる愛は有害です。利己的な欲望から発する愛は、もっと高い次元での本当の愛とは違います。私たちが祈りにこめるべき愛は、利己的な欲望とはまったく別物なのです。

真の愛はいっときの感情などではなく、もっとはるかに偉大なものです。とてつもない愛のパワーに波長を合わせられるようになると、憎しみやほかの多くの悪感情から自由になれます。愛は戦争や病や私たち自身の低俗な自己からも自由にしてくれます。愛とは心の状態ではなく、全き存在であると考えてみてください。

聖書にはこうあります。「汝の敵を愛し、汝を呪う者を祝福しなさい。汝を憎む者に親切にし、悪意を持って汝を利用し、苦しめる者のために祈りなさい」（マタイの福音書　第5節44章）。これは私の解釈では、敵、あるいは私たちをののしったり憎

祈りのエネルギーを体験する　23

んだり、悪意を持って利用したり、苦しめたりする相手を好きになりなさいという意味ではないと思います。そういう人たちと仲良くしたり、クリスマス・プレゼントを贈ったりしなくてもいいのです。ここで言われている愛はそういう愛ではなく、相手にとって最良のこと、究極的には真理に目覚めることを願うもっと広い意味での愛なのです。かれらが真理に目覚めれば、人を呪ったり、憎んだり、悪意を持って利用したり、苦しめたりはしないはずです。このような愛を実行するひとつの方法は、かれらが本来の自分に戻る道に導かれますようにと祈ることです。

憎しみは火、愛は水と考えてみてください。火では火を消せないように、憎しみに憎しみで勝つことはできません。愛の水なら憎しみの火を消せます。これが唯一の方法なのです。あなたの祈りは愛の水があふれる泉となり得ます。たんなる願望に聞こえるかもしれませんが、これは実際に真実なのです。あなたも自分で体験することで、気づいていくでしょう。しかし愛はたんに憎しみを消す方法にとどまりません。愛は癒し、創造のひらめき、そして変容をもたらすパワーです。地球上の生物が水なしでは生きられないように、宇宙にあるものはみな愛なしでは存在できないのです。

こういう話はたんなる夢想に思われるかもしれません。けれどもあたり一面にみなぎっているものの本質が本当に素晴らしいものであるからこそ、この地球に存在するものすべてはこんなにも素晴らしいのではないでしょうか？　そしてすべてを素晴らしいままであり続けさせるのは、私たちの責任です。祈りの可能性について知り、高次元の愛をもって完璧な世界を顕現していくことが。

右：「不空羂の曼荼羅」(部分)。
瞑想する仏陀が見える。19世紀、ネパール

祈りのテクニック

　これは必要とする人にエネルギーを送る簡単な方法です。

1. 無理のない範囲で背筋をまっすぐに伸ばして静かに立つかあるいは座り、目を閉じて深く規則正しい呼吸をします。肩の位置に両手を上げ、てのひらを外へ向けて指は閉じます。

2. まばゆい白い光が空から降りてきて、あなたの頭頂から入り、生き生きとしたパワーが脳細胞のひとつひとつを満たすのをイメージします。このエネルギーを首から肩、そして胸骨の少し手前にある心臓のチャクラへと降ろしていきます。この場所をまばゆい白い光で満たしましょう。

3. 次にエネルギーが肩から腕を通ってのひらへ集まるのをイメージします。このエネルギーを外へ向け、癒しの白い光をてのひらと心臓のチャクラから流れさせていきます。これで祈りの準備ができました。通常は声に出して唱えます。あなたはこのエネルギーを病気の人や危機的な地域などどこでも選んだところに送れます。その人あるいは地域の現状ではなく、そうなってほしい状態──スピリチュアルな幸福に輝いているさま──を思い描きます。

4. それが終わったら、右手で左手を外へ向けてこすります。これはエネルギーを封印すると同時に、祈りの完了を表す行為でもあります。この手のかまえは東洋では密印(ムドラ)として知られ、とくにチベットと関連があります。

神という言葉を出さなくてもこのテクニックには効果がありますが、あなたがなんと呼ぼうと、至高なる存在に願いをかけることを私は強くおすすめします。私たちが使うエネルギーははるかに偉大な源から送られてくるのだという真実を認めると、祈りのエネルギーを高め、より強力にできるのです。

　また同様に、祈りの最後に神への感謝を捧げるのも効果的です。もちろん感謝しなくてもかまいませんが、あるものを受け取った返礼に感謝のエネルギーを使うと、祈りの儀式にバランスをもたらすことができます。感謝することはその祈りが効果的であるという肯定的な確言にもなります。そうしないと感謝する対象がなにもなくなってしまいます。謙虚な態度で自分の力を信じることで、祈りの力は強まります。

　お礼を言うもうひとつの理由は、「これで終わりました」という宣言にもなり、祈りの行為からあなたを切り離す役に立つからです。これは必ずすべきことで、いつまでも祈りの効き目を心配していてはいけません。そういう心配はたとえ善意によるものでも、あなたが送り出したエネルギーの高い波動を損なってしまいます。すべての思いは心のエネルギーによるものであり、疑いのエネルギーは望ましい結果を生みません。

左ページ上：「偉大なる奇跡の仏陀」(部分)。
　　　　　　手のかまえは恐れのないことを示す。
　　　　　　3世紀から4世紀。パイタヴァ修道院。

　　右：ジョット作「主の昇天」(部分)。1303年

どんなことを祈るか

そんなのはわかりきっていると思う人もいるでしょう。「なんでも自分の望みを祈るのさ！」と。しかしこれは違います。私の妻のアリソンはこう言います。「あなたの望みは叶うでしょう。でもそれは本当にあなたが求めているものかしら？」 なんでも欲しいものを祈ればいいわけではありません。自分の欲するものが自身にとっていつもよいことであるとは限らないからです。

霊的成長と幸福は、目の前の低次元の欲望を満たすのではなく、スピリチュアルな願望に心を向ける訓練をすることで遂げられます。そうするとしだいに、私たちの低次元の欲望はより高次元の願い、つまり純粋な愛の表現へと変化していくでしょう。言うは易く行うは難しですが！

物質界で悪事を働くのはさておき、宇宙の霊妙な力を悪用するのは大問題です。これは黒魔術として知られ、邪悪な目的で思考のエネルギーの海を利用するものです。

避けるべき祈り

❖ 利己的、あるいは物質的な祈り。例：自分、あるいは親友が宝くじに当たり、フェラーリの新車を買えますように、など。
❖ 他人の自由意志に影響する祈り。例：誰それが自分に恋しますように、あるいは誰それが政治的見解を変えて、自分に同調しますように、など。
❖ 人に害を及ぼす祈り。これは黒魔術に限ったことではない。
  例：誰それが災難に遭いますように。また、必要としている、あるいは与えられる資格がある人を否定して、自分がそれを得られますようにと願う。
  例：ほかに適任者がいるのに、自分が昇進したいと願う。

ポジティブな祈り

❖ 世界の平和と自由を祈る。
❖ スピリチュアルな仕事に携わる人々のために祈る。
  例：純粋な精神的指導者、ヒーラー、救護員、消防士、同種の職業の人々。
❖ 災害の被災者たちのために祈る。
❖ 自分やほかの人の病気が治り、元気になりますようにと祈る。
❖ スピリチュアルな目的のためにどうしても必要なことを祈る。
  たとえば、あなたが病院の経営者で、ある額のお金がどうしても必要であり、それがないと病院がつぶれて患者が困るという場合は正当な祈りと言える。物質的なことを祈るのでも、動機が物欲的でなければよい。

祈りの善悪にかかわらず、使うエネルギーは同じ、つまり大宇宙にみなぎる生命力です。祈りの動機、そこにこめられた感情によって、それは白魔術にも黒魔術にも、あるいはその中間の灰色魔術にもなるのです。自分自身やほかの人々のために、限りなく純白な祈りを捧げましょう。

　祈りの内容がうっかり灰色や黒魔術になってしまわないようにするひとつの方法は、それが神のご意思にかなうなら実現して下さいとお願いすることです。神のご意思というとあいまいで時代遅れな言い方のようですが、「生きとし生けるものすべてにとって最善であるように」と言うのと同じことであり、こちらのほうがよければこの言葉を祈りに用いてもかまいません。

　世界平和や自由のために祈りのエネルギーを送るときは、ある人々が特定の考えに変わりますようにと祈ってはいけません。人々が自分の内側を見つめるように導かれ、勇気を持ってハイヤー・セルフ、自己の神性の声に耳を傾け、したがうことができますようにと祈ります。あなたは人々が意識的に、あるいはむしろ無意識に心の声にしたがい、正しいことをするように促すエネルギーを送るのです。これなら誰かをコントロールしようとするのではなく、人々を自己のしがらみから解き放ち、かれら自身のスピリチュアルな意思を表現していけるように祈ることになります。

　理論はこれくらいにして、まずは最高の祈りからはじめてみましょう。「新しき主の祈り」は私が気に入っている美しい白魔術の祈りで、ぜひおすすめします。

　p.26で説明したイメージ・テクニックを実践しながら、祈りの言葉を唱えます。これがいかに真の善意に満ちた祈りの言葉か、気づかれることでしょう。人々が導かれ、癒されるようにという魂のこもった懇願です。調和をはかっていきながら、最後に祈る本人が力とインスピレーションを受け取れるよう祈ります。祈りの言葉にふさわしい口調を心がけましょう。すべての文言に誠心誠意をこめてください。

新しき主の祈り

神聖なる素晴らしき精霊よ！
永遠なるわれらが主よ！
あなたの大いなる永遠の力を
私を通して送りたまえ

全能なる神よ、私に永遠(とわ)の権限を
　　与えたまえ
あなたの大いなる愛を全世界に向けて
　　放つ権限を
そうすれば苦しめる人々は弱さから
　　立ち上がる力を与えられるでしょう

全能なる神よ、
　　つつしみてお願い申し上げます
どうかお力を送りたまえ
この永遠の権限を私に与えたまえ
あなたのチャネルとなる権限を
そうすれば苦しめる兄弟たちは救われ、
　　導かれ、癒され
あなたの光へと昇ってゆけるでしょう

無知なる人々も顔を上げ
高次の自己を通じて
あなたの神聖なる助言を
受け取れることでしょう

全能なる神よ、今この日に
あなたは神聖なる権限を
私にお授けくださいました
どうかまたお願い申し上げます
私に力を与えたまえ
私の内にましますあなたのお姿から
二度と目をそらさぬよう
オーム、シャンティ、シャンティ、
　　シャンティ
（安らぎのあらんことを）
神よ、あなたの偉大さを讃え
私の魂は歌います
どうか永遠に永遠に
歌い続ける力を与えたまえ

*1961年にジョージ・キング博士が
チャネリングで主イエスより受け取った祈り*

祈りのエネルギーを体験する

感情をこめて言おう

祈りを正しく作用させるには、真心をこめて、気持ちを集中して唱えることです。コーヒー・ブレイクに友人とおしゃべりをしながら唱えたりしてはいけません。祈りは母親に電話をしたり、上司や聖職者や映画スターや政治家に嘆願するのとはわけが違います。相手がたとえ大統領でも。祈りは神聖なる源への訴えなのです。たとえばあなたが神に——神聖なる源よりこの表現のほうがしっくりくるかもしれません——拝謁して、自分の願いや気持ちを伝えると想像してみてください。祈るときには実際にこのようなことが起きているのです。ぼそぼそつぶやいたり、気持ちがこもっていなかったりでは、「神に思いを伝えるなんて面倒くさい」と言っているのと同じです。これではあなた自身の中の最も大切な存在、すなわち万物の創造主への感謝の念に欠けているため、祈りの効力が著しく損なわれてしまいます。

　ジェーン・オースティンはこう言いました。「全能なる父よ、お恵みをお与えください。私たちの言葉が届きますよう、ふさわしく祈れますように」。彼女の言葉は的を射ています。テクニックの上では祈りはすべて届きます。ある程度のエネルギーを呼び覚まして送信するからです。けれどもダイナミックに祈れば、エネルギーの量も質も増大するのです。

できる限り表現力をこめて、「新しき主の祈り」やほかの白魔術の祈りを唱えてみてください。ばかみたいに聞こえるのではないかと心配しないで。全身全霊を傾けて、情熱的に。誰かに足を踏まれたときにあげるぐらいの声で、大好きなフットボール・チームを応援するときのように真剣に、なおかつ自制心を働かせながら。大声を出す必要はありません。大事なのはためらいを捨てることです。ひとつひとつの言葉にあなたの命がかかっていると考えてみてください。大げさに感情的になってもいけません。ただ純粋な気持ちと愛をこめて。これが第一歩です。

祈りのエネルギーをコントロールする

　精一杯心をこめて声に出して祈ることに慣れると、以前より多くのエネルギーを呼び覚まして送信できるようになります。つまりこれはエネルギーをコントロールする訓練なのです。これが可能になると、あなたはより多くの良質なエネルギーのチャネルとなり、あなたの祈りは抜群の効果を発揮します。

　祈りは両極のバランスがとれたシンフォニー、陰と陽のメロディ、光と影のハーモニーであり、双方の要素が互いに生かし合うものでなければなりません。

　祈りのエネルギーをよりよくコントロールするためには、以下のことを心がけましょう。

❖ 優しく、かつ強い意志で
❖ 情熱的に、かつ感情的にならず、自制して
❖ 思いやりと祈りが叶って欲しいという気持ちをこめて、かつ客観的に
❖ 切に求めながらも、祈りが叶うと信じて
❖ 謙虚に、かつ神聖なる源すなわち私たちの本質のパワーに満ちて

　これらの性質を養っていくと、声に出して祈るとき、情熱的でありながら静かに祈れるようになります。この両極端の性質を養ういい方法は、祈るときの声の調子を言葉によって大きくしたり、ささやき声にしたりと変えてみることです。
　上手に祈れるようになるには、かなりの練習が必要でしょう。あなたはエネルギーを放つチャネルとなるのだということを忘れないでください。無理矢理エネルギーを出そうとしてはいけません。体が震えるほど緊張していてもだめです。体はリラックスさせながら、上記の祈りのテクニックで述べた態度を保つのです。
　ときには祈るような気になれないこともあるでしょう。最悪の気分では祈りが苦行に思えるかもしれません。しかしこういうときこそ祈りが効くのです。試してみてください。短い祈りでいいのです。私自身の経験から言うと、これだけで瞬く間に気分が変わり、もっと祈り続けたい気になります。
　祈りと人格は密接な関係にあります。上述した原則に忠実であっても、人によって祈り方は違います。興味深いのは、祈りによって私たちの本当の人格が表れるらしいことです。祈りはなんの私心もない純粋なものだからでしょう。祈りは魂の声なのです。とても消極的な人が、祈るときは別人のように精力的になったりします。それがその人の本当の人格なのです。その人がふだん見せているのは、その人のスピリチュアルな本質である静かな深い海のほんの水面でしかないのです。

祈りを習得することは、きわめて実用的な技術を身につけるだけにとどまりません。祈りは個人の変容と発見の道具でもあるのです。祈り方が上達すると、人生におけるあらゆる面でよりよい自分になったことに気づくはずです。祈りはあなたの中の最高のものを引き出してくれるのです。

カルロ・クリヴェッリ作「聖母戴冠」(部分) 1478年

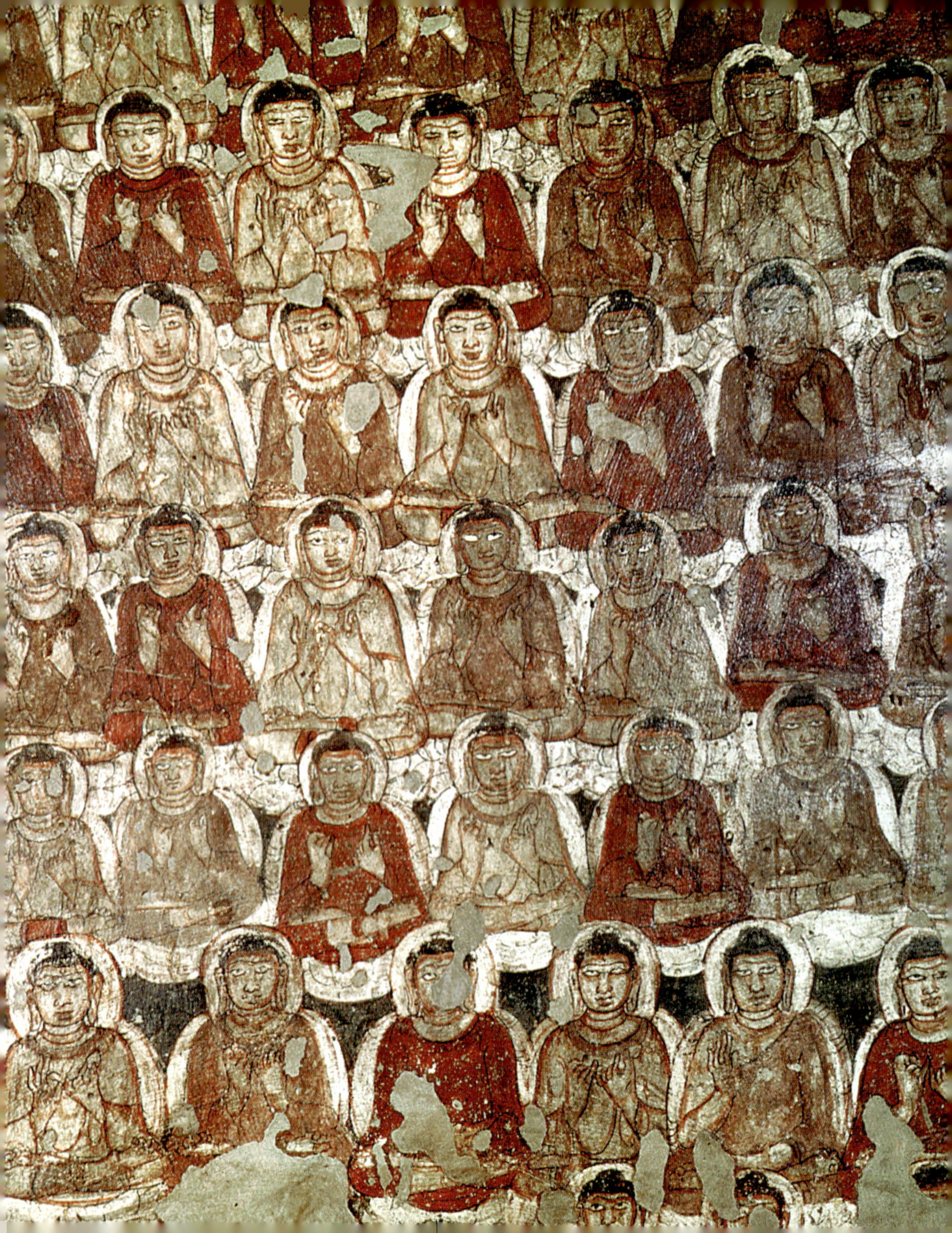

どこで祈るのか

祈る場所はさほど重要ではありません。大切なのはなにを祈るか、そして前述した正しい方法で、その祈りを実行することです。これらの必要条件さえ満たされていれば、どこで祈るかはあまり問題ではないのですが、祈りを捧げる人は誰でも考慮することでしょう。たとえば、スピリチュアルなパワー・スポットなどではエネルギーの高い、神の息吹に満ちた素晴らしい祈りを捧げられるなど、大きな違いを生むこともあります。

しかし祈りはどこでも捧げられます。むしろどんな場所でも捧げるべきなのです。とはいえオフィスやスーパー・マーケットやバーや美容院で、両手を挙げてダイナミックに祈れというわけではなく、日々の義務をこなしながら胸の内にある神聖な源をつねに意識しているべきだと思うのです。イスラムの人々について、私が尊敬するのは、敬虔な信者は1日に5回も祈ることです。しかも毎日欠かさず。イスラム世界のある地域では、祈りの時間にはすべての活動を停止し、すべての人々がともに祈ります。世俗的な文化の私たち西洋人にとっては想像がつかない厳しさですが、神の存在をつねに第一に置くためにはまぎれもなく優れた方法です。

左：「蓮花座を組む大勢の仏陀」(部分)。
洞窟の壁画。インド、5世紀

祈りのエネルギーを体験する

「聖母を敬愛する
リチャード2世」(部分)
フランス、1395年

　神を日々意識するのと同時に、いつも思いやりを心がけましょう。たとえば、この次に救急車を見かけたら、癒しの白い光が車体を包むのをイメージし、患者と救助の人々のために心の中で祈ってください。運転から注意がそれたり、近づいてくる救急車の邪魔になってまでそうしろとは言いませんが、たいていの場合、ほんの一瞬だけ思いやりの心を向ける余裕は誰にでもあるでしょう。そしてそれらすべての思いが役に立つのです。あなたの一瞬の思いやりを、そのとき誰かがまさしく必要としているかもしれません。哀れみでも悔やみでもない、本物の、積極的な、私心のない、生気に満ちた思いやりを。

　こういった機会はべつとして、正しく祈りたい、私たちの中に流れている愛に帰依したいというときは、安らげる場所を選びましょう。それは室内だったり、外だったり、自宅かもしれないし、初めて行く建物かもしれません。これに関してはとくに決まりはないのです。私にとっては丘陵や山、とくに聖地とされる山が祈るのに適しているようです。エゼリウス・ソサエティでは、世界19ヵ所のニューエイジの聖なる山へ巡礼をしています。

アフリカ
キリマンジャロ山、タンザニア

オーストラリア
コスシウスコ山、サウス・ウェールズ
ラムズヘッド山、サウス・ウェールズ

ヨーロッパ
マウント・メデルゲール・フルーエ、スイス
ニ・デーグル山、フランス

イギリス
ホールドストーン・ダウン、イギリス、デヴォン
ブラウン・ウィリー、イギリス、コーンウォール
ベン・ホープ、スコットランド、ハイランド
クレーグ・アン・レス・チェイン、スコットランド、グランピアン
オールド・マン・オブ・コニストン、イギリス、カンブリア
ペン・イ・ファン、ウェールズ、ポーイス
カーネッド・ルウェリン、ウェールズ、グウィネズ
キンダースカウト、イギリス、ダービーシャー
イエス・トール、イギリス、デヴォン

ニュージーランド
ウェイクフィールド山、サウスアイランド

アメリカ
ボールディ山、カリフォルニア南部
タラック山、カリフォルニア北部、タホ湖
アダムズ山、ニューハンプシャー
キャッスル・ピーク、コロラド、アスペン

　これらの山々のとほうもない霊性を感じた人は誰も、その神聖なパワーを信じざるを得ません。私たちがチャネルとなり、天から降り注ぐ神の光だけでなく、足元の大地からのエネルギーを流していくと、祈りはまったく新たな次元のものになります。
　本書の執筆にとりかかってまもなく、山々とそこで捧げる祈りの効力が、私も含めて誰もが思ってもみない方法で証明されました。2008年7月26日土曜日、私は仲間を率いてデヴォン州のホールドストーン・ダウンへ記念登山をし、そこに集った135人の人々がスピリチュアルなエネルギーを、友達や家族やお互い、あるいは世界に対してではなく"大いなる存在"へ送りました。もっと言えば、私たちを静かに寛容に慈悲深く見守っている主（マスター）、幾千年もの間、私たちを導き、救ってきた神へ。

その場に参加した人々は、それらの神々はほかの惑星から来たと信じていました。この分野に30年以上関わってきた私も、無数の星の中で生命体が栄えているのがこの地球だけだとは思っていません。また、人間だけが高度に進化した存在だとも思いません。

　私たちがその大いなる存在へ祈りのエネルギーを送った数時間後、私たちは2日ほどして初めて知ったのですが、イギリス中で200件ものUFO目撃証言が寄せられたのです！

　このシンクロニシティには、どんな筋金入りの皮肉家でも驚くことでしょう。スピリチュアルな世界を信じる開かれた心の人々にとっては、わずかな人数でどんなにすごいことができるかを目の当たりにできたわけです。大いなる存在へ向けて私たちが1歩踏みだすごとに、向こうは2歩近づいてくれると言われていますが、これはなぐさめや喜ばせるためのいい加減な口約束などではなく、きわめて単純な真実なのです。そしてこの真実は、心で、そしてもっと大事なことに行動において、そのような一歩を踏みだした人々すべてにさまざまな方法で証明されているのです。

　しかしながら私たちの誰もが、祈りたくなったら何十キロも離れた近くの聖なる山へ旅するだけの時間も気力もあるわけではありません。それにそうしたくても、山の近くに住むというわけにもいきません。都会の喧噪の中で祈りを捧げるのが適している人もいるのです。

自宅に神聖な場所を作る

　自宅に祈るための聖なる場所をもうけることは誰にでもできます。静かな空き部屋が適していますが、スピリチュアルな事柄に集中できるなら、どこか片隅や

人が来ない場所などでもいいでしょう。東向きだと理想的ですが、絶対というわけではありません。

　広さや特別な飾りつけは必要なく、ただあなたが安心できる清潔で快適な場所であればいいのです。寺院や教会の凝った飾りは芸術的には素晴らしいものですが、スピリチュアルなエネルギーを伝えるのにとくに必要というわけではありません。祈りや瞑想にはシンプルなのが一番いいのです。装飾品の複雑なエネルギーは、気持ちを高めてくれるいっぽうで、行為の妨げになることもあるのです。

蓮花座を組む仏陀（部分）。
金箔を施したブロンズ像。

　だからといって極端に殺風景にする必要もありません。スピリチュアルな意味を持つ絵画や品物は祈りの場で役立つでしょう。世俗的な物事から私たちを切り離し、祈りに集中する助けになるはずです。なにを選ぶかは個人の好みや文化的背景によるでしょう。キリスト教徒のロザリオと仏教徒の曼荼羅ではどちらが効き目があるか、一概には決められません。

　ひとつ助言するとすれば、たとえ伝統的な由緒正しいものでも、ネガティブなイメージのものは避けたほうがいいでしょう。寺院などのガーゴイルや血の染みついた十字架の磔像や、仏教の伝説で冥界の王とされる恐ろしい形相の閻魔、タントラ教のあからさまな形態の像などは、神聖な祈りの場にはおすすめできません。明らかに純粋で清らかなものを選びましょう。たとえばラファエロ作「主の昇天」、あるいはラーマクリシュナ、スワミ・シヴァナンダ、ヴィヴェカーナンダなどインドの聖人の写

真など。これらの品々はあなたの波長を高次元のものに合わせる助けとなります。偉大な賢人、聖者、マスター、アヴァター（神の化身）は、実際にその祈りの場に大いなるスピリチュアルな存在を招いてくれるのです。

❖ 色や音、香りなどを活用し、五感によって心を精霊に向けます。発光スペクトルが緑系の電球は、あなたの聖なる場所をスピリチュアルな儀式を行うのに理想的な調和と癒しの光で満たしてくれるでしょう。
❖ 祈りをはじめる前にふさわしい音楽をかけます。合唱団の聖歌やニューエイジの音楽、バロックなどの静かなクラッシックもいいでしょう。メロディが強烈だと気が散ってしまいます。芸術作品でも、あなたの求める雰囲気にはそぐわないこともあるのです。同様に激しいリズムはあなたが受ける心理的、肉体的効果の妨げとなります。
❖ 仕上げにアロマ・キャンドルを灯したり、アロマ・オイルを香らせます。瞑想や宗教儀式に使われる白檀などの伝統的なお香のほうを好む人もいるかもしれません。

正しく定期的に使用すれば、その神聖な祈りの場はあなたにとって天国となるでしょう。世界が虚しく、神などいないと思えるとき、多くの求道者たちはときにそういう気持ちになるものですが、あなたはその聖なる場所へ行き、手を合わせて祈ればいいのです。これですべての悩みが解決するというわけではありませんが、気分はよくなるはずです。そしてどんな暗闇にも一条の光が差し込み、古代のベーダーンタ哲学でマーヤー（感覚的な現象世界）と言われる幻の荒海を渡るあなたを導いてくれるでしょう。

　連想というのは大きな役割を果たしています。聖なる場所を見るだけで意識が高まります。けれども自分の聖なる場所を持つ理由は、心理的なものだけではありません。p.15で「思考は物質である」と述べたのをご記憶と思いますが、私たちは生き

た送信機なのです。意識するしないにかかわりなく、周囲の人や物に影響を与える思いやエネルギーを放っているのです。あなたの魂が神を讃えて歌い、世界の苦しみが終わることを切に願うとき、あなたの聖なる場所は優しく繊細な癒しの光で満たされるでしょう。

　礼拝所を訪れることは、スピリチュアルな修養に役立ちます。寺院でも教会でもモスクでもシナゴーグでもいいので、ほかの人にまじって祈ってみてください。大事なのはその場所が、いつでも礼拝に参加できて、純粋なスピリチュアルの光と愛を放つのによい場所かどうかです。

　本書を執筆しているとき、エゼリウス・ソサエティではロンドンのサウスウエストにある大きな建物を、会員や仲間たちが集って祈れる寺院に改築している最中でした。私たちはニューエイジのキリスト教と古代仏教とヒンドゥー教のマントラと、いくつかのイメージ・テクニックを組み合わせ、世界の幸福と信徒の霊的向上のために祈りを行います。希望すれば、一般の人もどなたでも参加できます。

　何百人もの人々がそのような祈りを目的にそういう場に集うと、より強いパワーが生じます。個性的な文化や教養の高い伝統があるにもかかわらず、物質的な獲得や楽しみにしか目が向かない大都会にあって、そこが光に満ちた場所となることを思い描いています。魂とはかけ離れた世俗的な欲望の象徴のようなロンドンの街で、そのスピリチュアルなオアシスは隠れ家となり、さらには愛と平和と神性のパワーを発信する場となるでしょう。

タバコのような形の光る物体が夜空を滑るように飛んでいきます。ニュースでも報道されていました。何百人もがそれを目撃したのです。しかしニュースで聞くのと、自分の目で実際に見るのとでは大違いです。私たちはまさしくそれを目撃したのです。当時、学生だった私とジョンはおんぼろのオースティンを飛び出すと、上空の奇妙な物体を見上げながら湿った草地を急ぎました。満天の美しい星空を音もなく滑っていくその物体は、よその惑星から来た聖なる乗り物に違いないと私は思いました。

　ところがやがて残念なことに、オークの巨木にさえぎられて見えなくなってしまいました。木の根もとに真新しいスニーカーがひとそろいあり、私はカルマの片鱗を見せられた気がしました……。

瞑想する仏陀の座像（部分）。1世紀または4世紀

カルマ

祈りの効力を理解するためには、カルマの法則を知らなければなりません。聖書にはこうあります。「まいた種は刈らねばならぬ」（ガラテヤ書第六節七章）。カルマをシンプルかつ完璧に説明しています。ニュートンも「作用と反作用は反対のものであり、かつ同じものである」と作用と反作用の法則の中で述べていますが、後世の人々によって仏陀のカルマについての教えを説明するのに引用されるとは思いもしなかったことでしょう。カルマというタイトルの歌謡曲で「巡り巡って自分のもとへ来る」と歌われていますが、平たく言えばカルマとはそういうものです。カルマの思想はポップ・カルチャーでは意外と親しまれているのです。ジョン・レノンの曲『インスタント・カルマ』やテレビの人気コメディ『マイ・ネーム・イズ・アール』のテーマにもなっています。これらの解釈はごく浅いものかもしれませんが、それだけ人気があるということは、カルマとは人生の歌を記した楽譜なのだということに人々が本能的に気づいている証拠かもしれません。

しかし残念ながらカルマについての真の理解には及ばず、原罪と似たようなものだろうなどと思われがちです。人生は試練ではなく学びの課程であり、カルマは罰ではなく教師であると考えるのが妥当でしょう。霊的な進化は人生の難題をすべて征服して得られるものであり、これを達成するために私たちはさまざまな苦楽を体験しなければならないのです。ある出来事をいつ、どうして体験するか、正確に知

ることはできません。たとえば金持ちは貧乏人より霊的に進化しているとは限らず、健康な人が病人より霊的に進化しているとも限りません。上級者ほど学ぶためにより大きな困難を必要とし、進化の梯子をさらに上へとのぼるのです。

　いわゆる"悪いカルマ"だから祈りは役に立たないと思うのは間違いですが、祈りを考えるときにカルマは忘れてはならないものなのです。あなたが困っている人にスピリチュアルなエネルギーを送るとき、実際にはあなたはその人がカルマによる困難を克服して前進するために使えるエネルギーを送ってあげているのです。あなたが相手の悪いカルマを変容させるのではなく、その人が悪いカルマを変容させる手助けをしているのです。こうすることであなた自身もよいカルマを積むことになります。なぜかというと、カルマの法則により、エネルギーを送り出すたびにエネルギーを受け取ることになるからです。ただしすぐにではないかもしれません。これがらせん状に広がっていきます。あなたがより多くのスピリチュアルなエネルギーを送ると、より多くを受け取り、受け取れば受け取るほど、もっと多く送り出していけるのです。

あなたが犠牲にしたものを受け取る

カルマによって、

あなたは祈りやほかの方法で与えたものを受け取るだけでなく、犠牲にしたものも受け取ります。たとえばあなたは博愛主義者で瞑想に深い関心を持ち、本当は道場へ行って1日中座禅を組み、内なる光を探求していたいのに、それをあきらめて人助けに奔走するとき、あなたは犠牲を払っていると言えます。より偉大なもののた

右：金剛手菩薩
曼荼羅図
「チャクドルと8人の
蛇神の神秘の輪」
1849年頃

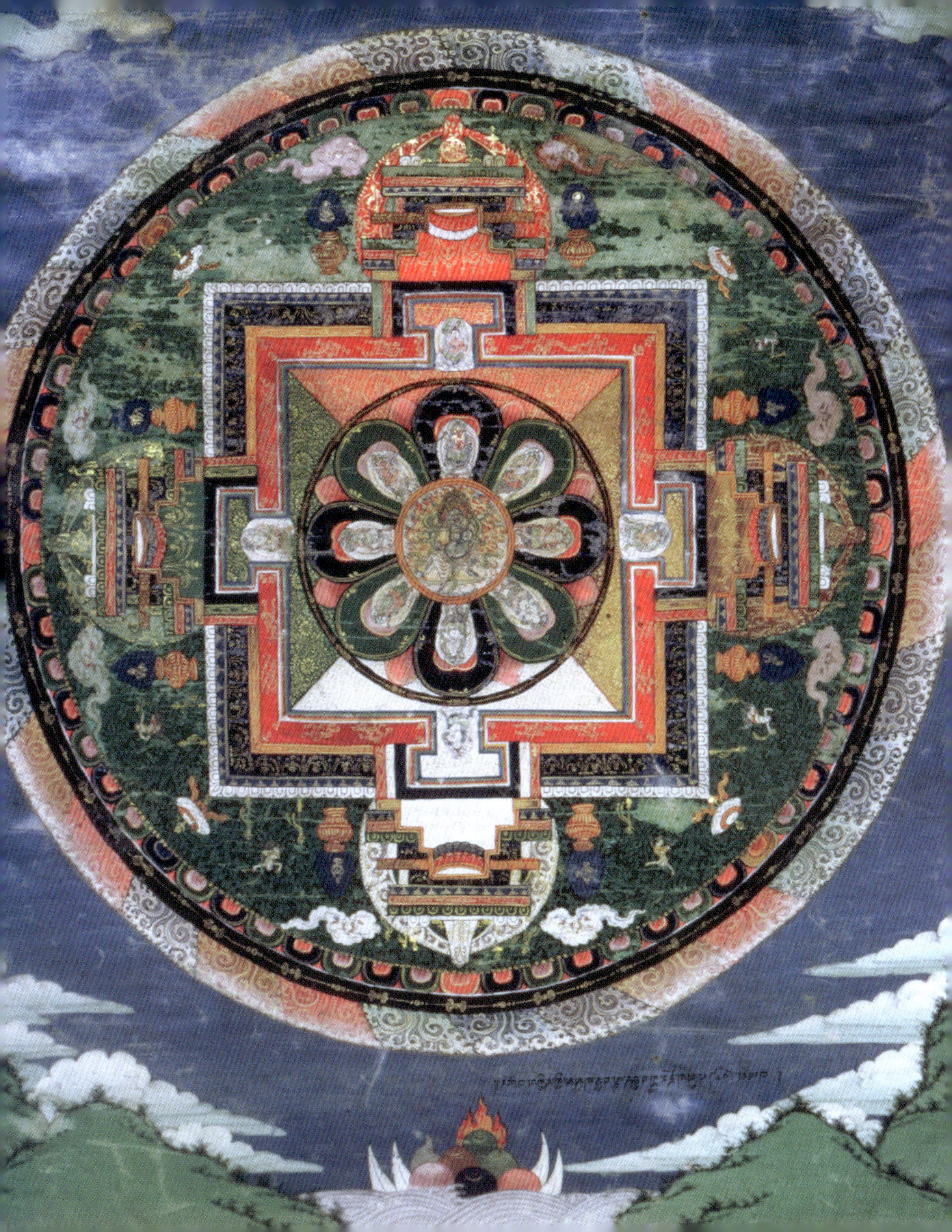

めに悟りに至ることをあきらめたのです。この行為のカルマの結果として、あなたは未来のいつかふさわしいときに、望んだとおりの悟りに至るチャンスを与えられるでしょう。それだけではありません。犠牲を払うことにより、あなたはすべてのプロセスをより強力にする正しいカルマの魔法を織り上げたのです。苦しむ人々を見捨てて、ひとり静かに瞑想する道を選んだ場合よりはるかに、あなたの霊的成長の歩みは確実なものとなるでしょう。

　この「捧げたものはあなたの足元にある」というカルマの法則を、この章の冒頭で紹介したUFOの一件で私は文字通りに見せられたのです。あのような光景を見られたことだけでもじゅうぶん奇跡であるのに、真新しいスニーカーが、しかも明らかに人目に触れぬように置いてあったのは、私にとってはきわめて意義深いことでした。その数日前、私は新しいスニーカーを買うか、UFOとその乗組員に関するスピリチュアルな真実についてのエゼリウス・ソサエティ発行の本とカセットを買うべきか、迷っていました。私はスニーカーをあきらめて、本とカセットを買いました。そうしたら前述のその品が、小さいものでしたが、私の足元に置かれていたのです！　UFOがそれを置いていったと思うかって？　いいえ、そうは思いません。人々が騒ぐような奇想天外な出来事と

ビルマ（現ミャンマー）のアーナンダ寺院にある金箔張りの仏陀の彫像。

は受け止めませんでした。私にはなによりもそれは暗示と思えました。その偶然、あるいは偶然などというものは存在しないと言いますから、シンクロニシティには驚かされます。

　カルマを信じるにはこの話を信用しろなどと言う気は毛頭ありません。けれども正しい理由のために払った犠牲は（この場合のようなごくささいな犠牲でも）報われるのです。

　必要とされて払う犠牲はある意味で解放なのです。犠牲を払うおかげであなたはたいして重要でない間違った不要なものから解放され、素晴らしい人になり素晴らしい行いができるようになるのです。供犠の行いはあなたの執着を断ち切る剣であり、あなたは進化の階段をより高くのぼっていけるのです。これこそ先に述べた博愛の本質です。

　祈りにおいて、私たちは供犠の心を育まねばなりません。祈りに身を捧げるとき、私たちは実際にみずからのすべてを愛のために供犠しているのです。より高い目的のために自分の時間と気力とエネルギーを捧げているのです。この法則を念頭に供犠の心を育んでいくと、カルマの観点からも私たちの祈りはより強力となり、質的にもとほうもなく高いレベルに向上します。

ゆるし

私たちの人となりや信仰にかかわらず、カルマは"ゆるし"を与えてはくれません。いわゆる悪いカルマは善行を積むことで変えていかねばなりません。カルマは私たちが神聖な法則に反することをしてもやめさせることができないのです。そうでないと大事な学びができないからです。

特定の宗教に帰依すればカルマがきれいになるとは思いませんし、そういうことを期待すべきではないでしょう。カルマは私たちに必要な経験が欠けていることを示してくれて、その経験によって私たちが進化し、やがて神聖な源へと還り、みずからの神性をはっきりと知るように、カルマはつねに変わることなく促しているのです。

だから罪のゆるしを神に求めて祈るのは違うと思います。祈りとは、自分の過ちを神の前に正直に告白し、それを克服していける強さを与えてもらうためのものだと思います。

"ゆるし"という言葉にはふたつの基本的な意味があります。誰かに対して怒るのをやめることと、誰かに対して行動を起こすのではなく、そのままにさせておくこと。このふたつは決定的に違います。

自分を怒りから解放するという意味では、どんな悪いことでもどんな人でもゆるすべきですが、必ずしも問題の悪事に対してなにもするなということではありません。怒りの感情は、それを抱く本人はもちろん、影響される他者にとってもひどい苦しみのもとです。役に立たないばかりか、スピリチュアルな成長を妨げるものです。悪事に対してなにか対処しなければと感じるのはもっともですが、怒りや正義感からそうしてはなりません。

　祈りは、人をゆるす助けとなる優れた方法です。人をゆるせる力と勇気と寛容さを求めて祈るだけでなく、悪事に対して行動を起こすべきか、どういう行動を起こせばいいのか、教えてくださいと祈ればいいのです。さらに怒りを感じている相手に白く輝く愛の光を送りましょう。こうすると自分の内に作ってしまったネガティブな思考パターンだけでなく、相手に送ってしまった悪い波動も変質させられます。そのうえ、相手に神の息吹の光のエネルギーを送ることで、その人がよりよい人間になり、今後は同じ過ちを繰り返さないように促してあげられるのです。

祈りを捧げるエジプトの僧。
第21王朝1080-10

癒し

誰にでもできるもっとも有益なテクニックのひとつは、他者を癒す祈りです。助けたいという純粋な願いさえあれば、他者や自分自身に向けて癒しのエネルギーを送る祈りはきわめて効果的です。

　癒しの能力は選ばれた数少ない人々だけに備わるものではなく、神の気まぐれによって授けられたものでもありません。習得できる技術なのです。祈り方によって、また受ける側のカルマのパターンや送られたエネルギーを意識的あるいは無意識に受け入れる下地があるかなどの状況によって結果は異なります。言うまでもなく、スピリチュアルなヒーリングはあくまで補足的なもので、自分やグループや特定の個人のどの場合においても、従来の薬を含む治療の代用と考えるべきではありません。

　苦しむ人に癒しのエネルギーを送るとき、回復の鍵となるのはその人がカルマによって計画されたその病気から、必要な学びを得たかどうかです。学んでいれば病気も必要なくなり、いずれ消えていきます。

　つねに相手が白い光に包まれて、健康に輝いている姿をイメージしてください。病気の姿をイメージすると、その状態を強めてしまいます。相手が元気な姿をイメージすれば、癒しを速められます。

今の世界的な大変化の時代には、個人の癒しだけでなく世界的な癒しが必要です。「新しき主の祈り」(p.31を参照)が理想的です。戦争や飢饉や自然災害など状況を特定して、被害者たちの癒しを祈ることもできます。くれぐれもポジティブなイメージを保つように。戦禍を被った地域が平和に包まれ、飢えに苦しむ人々が苦境を脱して癒される様子をイメージします。

　世界の癒しは気高い目標ですが、自分自身を癒すことも必要であり、まさに正しい祈りと言えます。その場合も、スピリチュアルな考えを忘れないように。自分の癒しを祈るとき、カルマ的な気づきを求めるといいでしょう。つまりただ健康を祈るのではなく、現状から学んで前進することで癒されるように求めるのです。

「ヤイロの娘の復活」(部分)。
モザイク画。
12世紀

祈りのエネルギーを体験する　53

ヨーガと悟り

スピリチュアルな学びを深めていくとき、私たちが目的とすべきなのは叡智をもたらし、究極的には悟りへと通じる深く神秘的な状態へ入っていくことです。そこで初めてスピリチュアリティの軸である無我の境地が花開きます。そして初めて、すべてのものへのもっとも有益な奉仕とはなにかを知り、それを行うことができるのです。

祈りを通じてスピリチュアルなエネルギーのチャネルとなることで、私たちは霊的な気づきを高め、ゆっくりであっても確実に潜在的な超能力や直感力を発達させ、神秘的な状態に至ることさえ可能となります。祈りによって私たちの感覚が研ぎ澄まされ、まわりじゅうに存在する微細な高次元の自然の力とつながりやすくなるのです。意識を集中したり、黙想や瞑想などのスピリチュアルな修行をしても同様の効果があり、祈りの能力も上達します。真剣に祈りを学びたい人はヨーガの呼吸法を身につけることをおすすめします。肉体と心を改善し、超能力と霊的な気づきを高めてくれま

す。以下に挙げるテクニックは、伝統的なヨーガの流派で教えているもので、安全かつ効果的です。正しく定期的に行えば、いかにヨーガの呼吸が有効かわかることでしょう。私が知るもうひとつのもっとも安全で効果的な方法は、キング博士の晩年に光栄にも共著させていただいた『Realise Your Inner Potential（仮題　あなたの内なる可能性を知る）』という本で詳しく説明しています。

上：象徴的な印相をする仏陀の座像（部分）。「中道の教えを説く」。
左：菩提薩埵（ぼだいさった）の姿をした仏陀（部分）。

完全な呼吸法

1. できるだけ背すじをまっすぐにして、固い背もたれのある椅子に座るか、体が柔らかければ床にあぐらを組むか、ヨーガの座法で座る。目を閉じて深呼吸をする。意識ははっきりしていながら、リラックスする。ヨーガでは精神と肉体と心を、いきなり強い力を加えることなく、よりスピリチュアルな生き方に整えていく。

2. 次に上半身、腰の付け根から肩の上までがグラスになったとイメージする。息を吸いながら、その器が白い液体、あるいは白い光で満たされるのをイメージする。グラスの縁まで水を満たすように、腰の付け根からだんだん肩の上まで白い液体、または光で満たされていく。今度は息を吐きながら、白い液体、または光が上からしだいに流れ出ていくのをイメージする。

3. グラスを完全に満たし、また完全に空にすることが大切。息を吸うときは腹部と胸部がふくらみ、吐くときは下腹がぐっと引っ込むようにする。

4. 祈りでは宇宙の生命力を引き寄せて、それを外へ向けて送り出す。呼吸法でも原則的に同じである。イメージの力でエネルギー、すなわち白い液体または光を体に取り込み、浄化し、磁化し、霊性を高める。

5. この呼吸法は上半身全体を使うので、肉体的にも効果がある。完全に身につければ、起きていても寝ていても自然に続けることができる。

チャクラとクンダリーニ

ヨーガを語るとき、体のサイキックなセンターとも呼ばれるチャクラとクンダリーニについての話は避けて通れません。ヨーガとはたんなる健康体操ではなく、存在の哲学、悟りへ至るきわめて有効な道なのです。ヨーガという言葉は"結ぶ"という意味で、神聖な源とつながることを指し、健康を目的とするハタ・ヨーガ、精神と超能力をコントロールするラージャ・ヨーガ、叡智を求めるグナーニ・ヨーガ、愛と信仰のバクティ・ヨーガ、奉仕のカルマ・ヨーガなど、すべてのヨーガの目的はそれです。

クンダリーニとは"蛇のパワー"とも呼ばれる、神秘的できわめてパワフルな、畏敬の念さえ覚えるほど神聖なサイキックの力です。それは脊椎の基部に蛇のようにとぐろを巻いています。このパワーなしでは私たちはなにもできません。ほとんどの人の場合、このパワーは半分眠った状態ですが、それでもカルマのパターンが要求する経験を私たちにさせられるぐらいは目覚めています。

ヨーガを行うと、このパワーが背骨に沿ってそれぞれのチャクラを通りながらのぼってきます。"クンダリーニ・ヨーガ"は使い古された響きがあり、教えている内容もこのもっともパワフルな霊的進化とは似ても似つかないものばかりです。この道を進もうと思うなら、見分ける目を持つことです。真のクンダリーニ・ヨーガとはまったく関係のないものや、普通の人には難しすぎて、危険を伴うものもあるからです。

クンダリーニのじゅうぶんな上昇を体験することはきわめてまれです。完全な上昇はもっとまれです。私たちの知るほとんどのクンダリーニ体験は部分的な上昇で、それでもじゅうぶん有意義ですが、完全な上昇とは大きく違います。

クンダリーニのパワーがチャクラを通っていくと、各チャクラが活性化し、修行者にそれぞれのチャクラの異なる体験とサイキックな力をもたらします。クンダリーニ

を自在に一番上のエネルギー・センターである頭頂の"宝冠のチャクラ"あるいはサンスクリット語で"サハスラーラ・チャクラ"まで上げられるようになると、人間を越えた悟りの境地に達したと言えます。その人は昇天(アセンション)の準備ができたマスターであり、さらに偉大な体験と偉大な奉仕をするために地上の輪廻の輪から外れていくのです。

　こう解釈すると、クンダリーニの重要性を決して軽視してはならないとわかります。クンダリーニを支配することは私たち自身を掌握することです。べつの言葉で言うと、ときにあまりに難解すぎてコミカルにすら聞こえてしまう、"私たちはなぜここにいるのか？"という大いなる問いの答えが出たわけです。私たちはクンダリーニをコントロールするためにここにいるのです。

　クンダリーニを力で上昇させることを目的とするヨーガの実践法がありますが、わたしはおすすめしません。クンダリーニは偉大なパワーであり、ほかのすべての偉大なパワーと同様に、非常に慎重に扱わなくてはいけません。不純だったり、集中力に欠けていたりで、クンダリーニを上昇させるだけの準備ができていない人が、正しい指導も受けないままに試みると、精神的にまた肉体的に障害が出たりと、深刻な状態に陥ってしまいます。

　他者に奉仕することからはじめて、バランスよくクンダリーニを優しく丁寧に上昇させていくのが安全な方法です。奉仕はカルマ・ヨーガと呼ばれ、とてもゆっくりとした方法に思えますが、東洋のいくつかの流派の危険な方法に比べて、はるかに確実です。カルマ・ヨーガと合わせて、ヨーガの呼吸法やポジティブなイメージ法、マントラのチャンティングなどを行います。これらの実践により、将来のクンダリーニの完全な上昇に備え、体と心の準備を整えていくのです。

右：瞑想する仏陀を描いたチベットの織物。

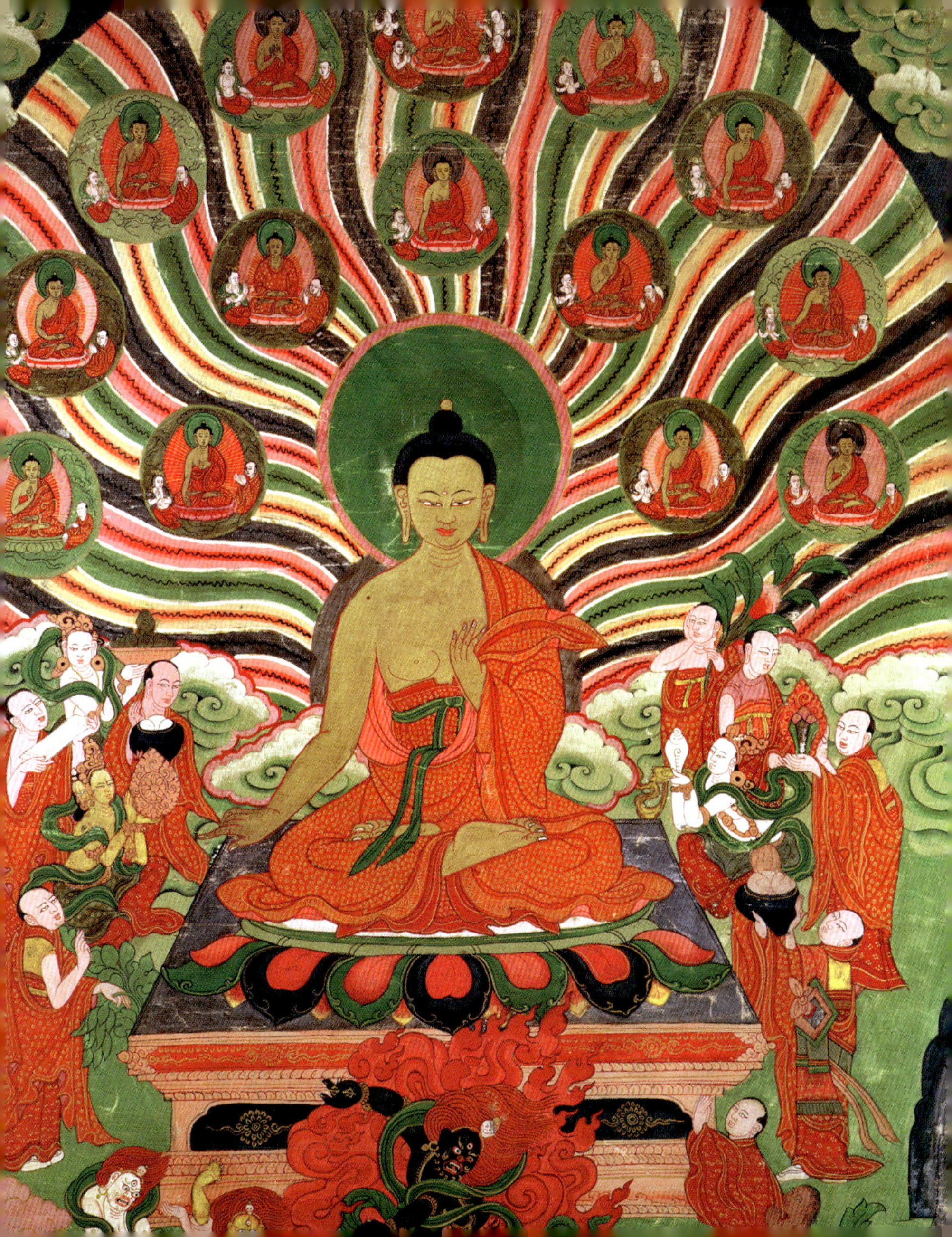

カルマ・ヨーガは高度なヨーガ修行ができない人のための"低い道"ではなく、すべてのヨーガの中で最高の道と考えるべきです。人の役に立つこと以上に立派な行いがあるでしょうか？　ほかのヨーガも正しく行えば素晴らしい効果を生みますが、どれもそれだけでは世界が直面している今の問題を本当に解決することはできません。

　古来、ヨーガの思想では、私たちの目的は瞑想を通じて悟りを得ることであり、そうして初めて世の中の役に立てると考えられてきました。かつてはそれが正しかったのでしょうが、今日では当てはまりません。世界は苦しみ、私たちを必要としているのです。今。

　私たちはさまざまなレベルでの大変動の時代に生きています。天変地異、科学の暴走、核戦争の脅威。この異常な時代に世界を救えるのは祈りであり、世界はかつてないほど私たちの祈りを必要としています。けれども祈るだけでは足りません。私たちは教師、救助員、医療補助者、正義のための運動などさまざまな活動を通じて、正しい考えを広めていかなければなりません。近道はないのです。私たち自身の人生においても、指一本動かさずにただ祈っていればいいというわけではありません。祈りは問題解決のひとつの方法ですが、それが最善の方法かそうでないかは状況によるのです。

「祈ることでその人の微細なパワーは容易に目覚め、
　意識してそれを行うならば、すべての願いは叶えられるだろう」

スワミ・ヴィヴェーカーナンダ

神とはなにか？

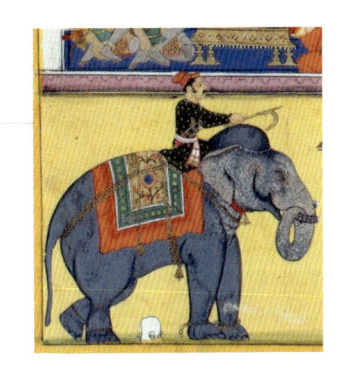

偉大なインドの聖者ラーマクリシュナが語ったたとえ話があります。数人の盲人が生まれて初めて象のそばに連れてこられ、それぞれ象の一部分にさわります。ひとりは脚に、ひとりは胴体に、ひとりは腹に、ひとりは耳に。そして各自がさわった感触を頼りに象とはどんなものかを説明します。かれらの説明は当然のごとくまったく異なりますが、みんな同じもののことを言っているのです。

神についても同じだ、とラーマクリシュナは言います。すべての偉大な宗教、ヒンドゥー教、キリスト教、イスラム教、ユダヤ教、道教、仏教、神道、異教の偶像崇拝は、みな神の異なる側面を伝えているのです。私たちがこれらの宗教のよさを対立するものではなく補い合うものとして受け入れ、霊性を人生の不可欠な要素として認めるとき、初めて神に完全に近づくことができるのです。

自分たちが大宇宙の中の塵でしかないことを知るとき、私たちは生命の複雑な驚異について考えます。人間の入り組んだ精神から頭上に広がる空というたえず彩りを変えるキャンバスにいたるまで。そしてそれらのおおもとにあるものはなんなのか、それらの本質はなんなのか、と疑問を抱きます。生命をつなぎとめているおおもとの糸とはどんなものなのか？　万物の本質とはなんであるのか？

このように疑問を抱くと、人間の姿をした気まぐれな造物主という古い観念は消え、偉大な創造の不思議に思いいたります。果てしのない無限と永遠について考え

るとき、すべてを結ぶ偉大な法則があり、この結びの法則が私たちを、小さくても欠かせない一部として、全体に結びつけていることを私たちは理解しはじめるのです。

　そして進化するためにはカルマを完了することが不可欠であり、祈りやほかの方法で真の美しい神の愛を体験することにより、宇宙はたちどころに私たちがこの道に目覚める以前に暮らしていたのとはまったく違うものになります。

　これは信仰の夜明けです。やみくもな信仰ではなく、どんな困難があろうと生きることは素晴らしく、どんな呼び名であろうと神こそがすべてだとわからせてくれる信仰の。

蓮池のほとりで修行する行者の細密画。
ヨーガの実践法が記述された
ヒンドゥー教の聖書より。
1760年

祈りと神の法則

祈りは私たちのハートとマインドを神の法則に集中させる方法です。ヒンドゥー教や仏教では、私たちの内側の神聖な存在に向けてサンスクリット語のマントラを唱えます。マントラの主なパワーはその言葉の意味よりも音にあり、私たちの意識を神に集中させる効果があります。本書の趣旨とは違いますが、マントラ・ヨーガを強くおすすめします。私も毎日行っています。

理性で論じても神性への覚醒は起こり得ません。すでに神性を知っている私たち自身の一部が目覚めることでそれは起こるのです。私の気に入りの本は『How to Know God（仮題　いかにして神を知るか）』で、大昔のヨギ、スリ・パタンジャリの金言を集めたものです。このタイトルが示すように、神を知るというのは信仰をもとにしたものではなく、体験できるものなのです。祈りは神を知るための素晴らしい方法であり、私たちの神性の限りない可能性と絶対的な存在——形あるものもなきものもすべて——としての神の真の輝きを疑う気持ちから私たちを解放してくれるのです。

「私など無に等しい存在だ、
　とある男が言った。
　無もまた私である、と神は答えた」

　　　　　　　　　　　　ジョージ・キング博士

10世紀の朝鮮の彫刻（部分）。
あぐらを組む釈迦牟尼仏陀。

祈りのエネルギーを体験する　63

祈りの英雄たち

「祈りは神秘のエクスタシー、
　賢者の瞑想、聖者の歓喜」

アニー・ベサント

この章で取り上げる人々は、祈りが日曜の朝に暗唱するまじめくさった退屈な文句ではなく、冒険であり、解放への道であることを教えてくれます。

　数多くの祈りの英雄たちの中から4人を選んであげてみました。それぞれ異なったスピリチュアルな経歴を持っています。パラマハンサ・ヨガナンダ（1893-1952）はインドのヨーガ行者、ジャラール・ウッディーン・ルーミー（1207-73）はイスラム神秘主義者、アヴィラの聖テレサ（1515-82）はローマ・カトリックの修道女、ジョージ・キング博士（1919-97）はニューエイジのスピリチュアル・リーダーです。かれら祈りの英雄たちが自分の国の宗教を唯一とみなさず、宗教の結びつきを熱心に求めたことは注目に値します。ただし、悪名高い宗教裁判の時代に生きた聖テレサだけは、ほかの宗教についてほとんど知るすべがなく、もし知識があっても公に共感を示すことはできなかったでしょう。それにもかかわらず、彼女の体験がヨーガやほかの伝統的な宗教の神秘体験ときわめて似ていることには驚かされます。

程度の差こそあれ、それぞれの英雄的資質を私は確信します。人は普通、祈りを英雄的行為とはみなしませんが、私はそうだと思います。英雄的行為は戦場での勇敢な行いに限ったものではなく、大勢の前で派手に見せる必要もありません。たいていは静かにひっそりと行われるものです。ときにはまったく英雄的行為とはみなされないこともあるでしょう。あえて言うなら、敵対者のいない英雄は本当の英雄ではないと思います。私たちのいるこの不思議な世界では、夏の日に聖者の後ろに続く影のように、光には闇がつきものです。けれども内側からの光が四方へ広がるとき、影はしだいに追い払われ、闇は永久に打ち負かされるのです。

　真の英雄は強さと自制心、博愛と無私の心を持ち合わせています。真の祈りはそれらの資質の表れというだけでなく、人のより高次の意識をありのままに、日々表現していくということです。私たちの祈りは文字通り、人を助け、世界を救うために役立つのです。これ以上に英雄的な行為があるでしょうか？

悪を祓うために描かれたホルス神の目。左目は月を、右目は太陽を象徴する。
エジプト、第12王朝。

パラマハンサ・ヨガナンダ──西洋へ渡ったヨーガ行者

長髪のインドのヨーガ行者が道場の自室で祈っています。
行者の無言の祈りの真剣さをあなたが感じたなら、
彼の深い誠実さをつゆほども疑いはしないでしょう。
彼はヒンドゥー教徒で、新約聖書に光を投げかけてくれるよう
全身全霊で祈っています。
彼は聖なる真実を渇望する人々に
叡智を教え広めていけるよう、
長きにわたって謎に包まれてきた
言葉の真の意味を明かしてください
とイエスに祈ったのです。

不屈の努力と清らかさと
心からの霊的な願いによって、
奇跡的な尊い報いが得られました。
部屋が青い光で満たされ、
気高く若い光り輝く姿のイエスが
行者の前に現れて、
話しはじめたのです……

インドの細密画(部分)。
庭園で瞑想する行者が見える。

この類い希なる体験は、重要なことを教えてくれています。心から真剣にスピリチュアルな道を歩むとき、どんな奇跡も起こりうるということを。結果が表れないときは努力が足りないのであって、神がいないのではありません。神はつねに存在するのですから。前述の体験は何千年も昔にヒマラヤの山奥で起きたのではありません。20世紀半ば、世界でもっとも世俗的な場所、カリフォルニアで起きたのです。

　ヨガナンダは1893年にインド北西部の信心深い裕福な家庭に生まれました。父親は大きな鉄道会社の重役で、数学好きで論理思考の人でした。母親は思いやり深い人で、困った人を誰でも助ける気前よさは、現実的な夫にとって悩みの種でした。このふたりの正反対の気質がうまく合わさり、よりよい形で息子に受け継がれたことは想像に難くありません。ヨガナンダの人生とほかの多くの聖人賢者の人生については、古典的名著『あるヨギの自叙伝』に美しい言葉で書かれており、時代を超えてスピリチュアルな求道者たちに希望を与えてきました。ロマンティックで敬虔な彼の文体からは、西洋に永住した初めてのインド人の精神的指導者であり先駆者としての

ウィリアム・ブレイク作「主の昇天」
1805-6年頃

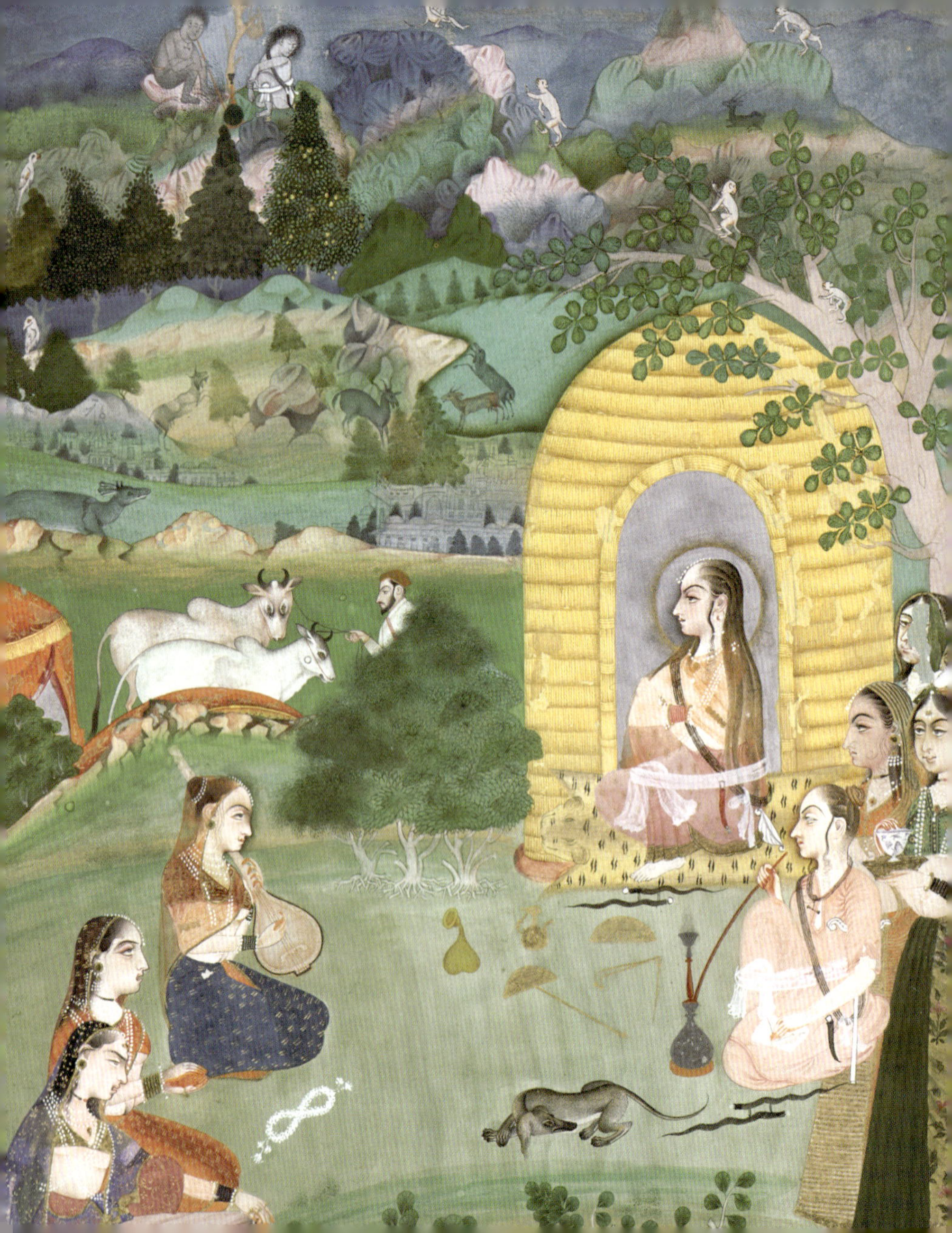

強い決意と精神、そして数多くの実際的な知識がうかがえます。彼の目的は、師であるスリ・ユクテスワより授かったヨーガの叡智を、この伝統にまったくなじみのない求道者たちに分かち与えることでした。
　しかし彼の伝道は、19世紀に果敢にアフリカに分け入った西洋の宣教師たちがひどく独善的なやり方で評判を損ねたのとは大きく違います。それらの宣教師たちは善意であったのでしょうが、"自分は完璧に正しく、そちらは完全に間違っている"という態度は霊的に未熟な証拠であり、時代遅れです。母国のヒンドゥー教に対するヨガナンダの信仰は揺るぎないものでしたが、彼はその教義にこだわることなく、反対にそれによって宗教のつながり、異なる方法で異なる人々によって異なる時代に表現された高次元の本質への共感や想像という、根本的なつながりを見抜く知恵を得たのです。
　まだ20代後半だったヨガナンダは、1920年10月にボストンで開かれた自由宗教のための国際会議でスピーチをするよう招待されました。彼は驚きませんでした。その前日、瞑想しているときに見たビジョンで、故郷のインドから遠く離れた異国の地アメリカへ呼ばれるだろうとわかっていたからです。興奮と同時に愛おしいものをすべてあとに残して旅立つのは悲しくもあり、初めて英語で演説をすることに不安もありました。また、必要な資金をこしらえねばならず、非常に渋い顔の父親に求めたところ、はじめは頑固に反対していた父も翌日には気前よく励ましてくれました。

左：風景の中のヨーガ行者を描いた細密画（部分）。

しかしこうした心配は彼のスピリチュアリティの健全さに比べれば取るに足りないことです。インドにおいて信心深いヨーガ行者であれば、そういう生き方を評価し、理解する伝統があり、支え励ましてくれる同じ志の修行者がたくさんいますが、物質主義の悪名高い外国の地で、変わらない厚い信仰をもって修行を続けるのは至難の業です。そしてみずからの信仰心を養っていかなければならないいっぽうで、霊的に栄養失調な求道者たちをも養っていかなければならないのです。

　旅立つ前のある朝早く、ヨガナンダはいつにもまして熱心に祈りはじめました。自分の魂が西洋の物質主義に溺れてしまわないという神の保証をいただくまで、たとえ死んでも祈り続ける決意でした。そうして何時間かがすぎた頃、戸を叩く音がして、みすぼらしい身なりのヨーガ行者が入ってきたそうです。この世のものならぬ霊的な能力を備えたそのマスターは、ヨガナンダの願いである心の平和を与え、彼の肥沃な心に叡智の種をまきました。このマスターとはほかならぬババジ師であり、この地上のすべてのマスターの中でも最高位とされる方でした。

　ヨガナンダは1920年にセルフ・リアライゼーション・フェローシップを設立し、今では世界中にセンターがあります。西洋の物質主義に流されるどころか、彼は教え子たちに自己の人生を変容させるスピリチュアルな修行を教え広めたのです。

ルーミー――全身全霊で神に情熱を捧げた詩人

そのスピリチュアリティの輝きはあまりに偉大で、ユダヤ教徒やキリスト教徒の信仰を深めるのにも一役買ったイスラム神秘主義者、ルーミーを理解するには彼が狂気をなんと呼んでいたか知らなければなりません。そこで初めて彼のスピリチュアルな歓喜を、どんなロマンスの名作もかすんで見えるほどの情熱を、垣間見ることができるでしょう。

　戦争、強欲、憎しみ、暴力、これらはすべて正気とは言えないものですが、悲しいことに私たちが現代社会と称する構造の一部です。実際、私たちはもっともよいときでさえ、よく注意していないと型にはまってしまい、真実を見ることができません。「そんなことあるわけない。ばかばかしい」という固定観念から発する無意味な言葉で、真実を見えなくしてしまうのです。

　私たちがばかばかしいと思おうが思うまいが、真実は少しも変わらず、ただ存在するのです。

祈るデルヴィーシュ
（神秘体験を得るための修行者）を描いたペルシャの彩飾画。1566年

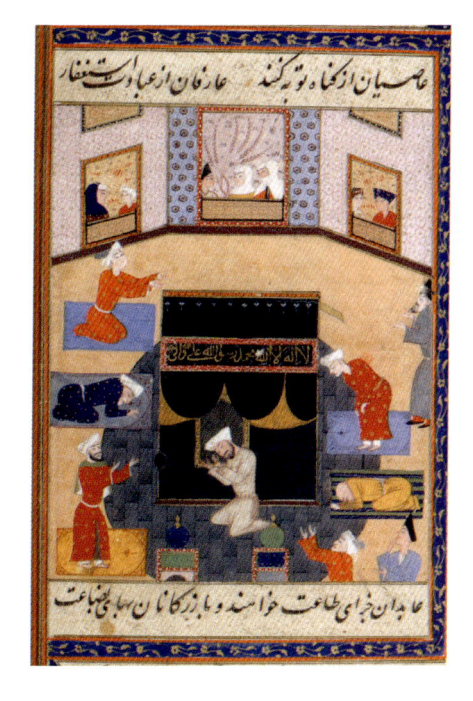

祈りのエネルギーを体験する

日本の宗教家で作家でもあるヒロシ・モトヤマ博士は、精神病者と天才はともに標準とは異なる精神状態であるが、外れる方向が逆なのだと考えました。前者は標準よりリアリティから遊離した状態であり、後者は標準よりリアリティに近いというのです。天才の神性の意識と精神病者の狂気は、どちらも固定観念から外れているという点で一緒くたに考えられがちです。不思議なことに、天才の芸術作品は優秀さを認められても、それは狂気のせいだとみなされることがあります。少し前にある学者が、ウィリアム・ブレイクの驚異的な芸術的才能は精神分裂病のせいだとする論文を書いていましたが、ブレイクの卓越した超能力的ビジョンを妄想と断じるには薄弱な論拠でした。これは並外れた覚醒が正反対に誤解されてしまう典型です。

　ルーミーはより高い目的のために狂気を演じ、それが彼の非凡な人生と遺産の特質となりました。彼は師であるシャムスと内なる永遠の師に対して情熱的に表現したスピリチュアルな愛を、一種の狂気と説明しています。このように彼は、スピリチュアリティの従来的な解釈で説明することで、情熱の激しさを強調したのです。事実、彼は"狂気"という言葉で正気のより高い状態を説明しています。それは完全にコントロールできていないけれども、ある程度の悟りの状態なのだと私は思います。ルーミーが狂気という概念を用いたために、宗教はすべて狂気であるとみなす人々の考えをいっそう強めてしまった面もあり、それは残念です。けれども彼にとっては、その時代のスピリチュアルであることに対する概念の枠から解き放たれることが明らかに必要だったのです。

右：恍惚状態で踊る神秘主義者たち。
ペルシャの水彩画。1650-55

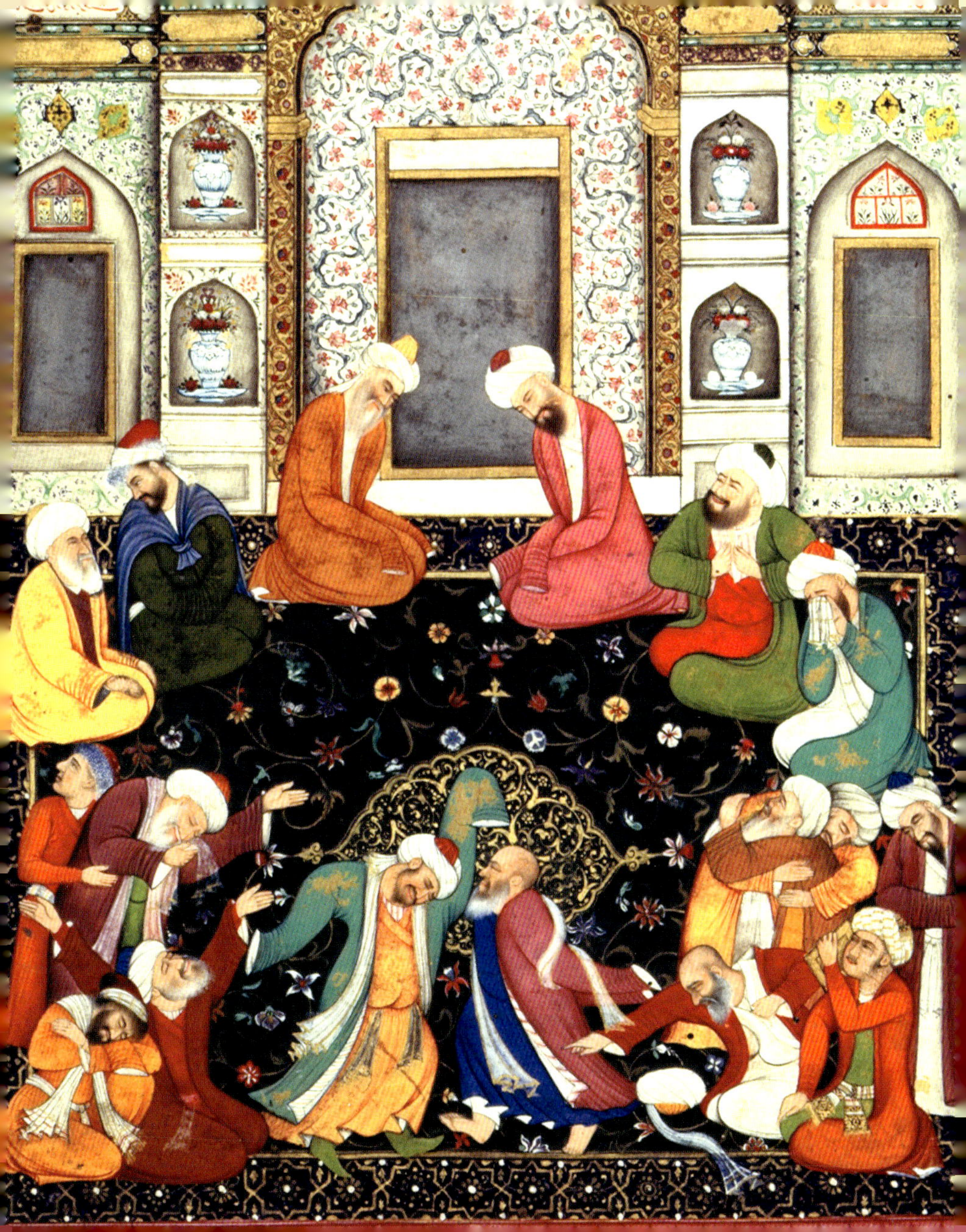

伝承が確かなら、1207年に今のアフガニスタン北部で、高名な宗教家の息子として生まれたルーミーは、幼い頃から非凡な人生を送る兆しを見せていました。5歳のときに処女マリアと大天使ガブリエルのビジョンを見て、周囲を仰天させました。また、自分の家の屋根でほかの子供と遊んでいて、突然姿が消えたという逸話もあります。再び現れた彼は、緑のマントを着た男の人たちに天国へ連れて行かれたと言ったとか。本当かどうかはともかく、そういう逸話が残っているのは彼が浮世離れした評判の持ち主だった証拠でしょう。

　ルーミーが11歳のとき、家族は流民となり、最後に今のトルコであるアナトリアのコンヤという町に落ち着きました。何年かして、栄え賑わうこの町の通りで、この祈りの英雄は自分にとっての英雄、すなわち生涯をかけて敬愛したシャムス・アル・ディン——"宗教の太陽"という意味——という名の年老いたさまよえる神秘主義者と出会いました。

　37歳ですでに尊敬される精神的指導者だったルーミーは、家族や弟子たちへの関心をなくし、新たな師匠(グル)を夢中で崇敬するようになりました。当然予想されるように、見捨てられたと考えた人々の間で怒りが高じて、2年ほどしてシャムス・アル・ディンはコンヤの町から追放されました。ルーミーは激しく取り乱しました。

　そしてさんざん探し、翌年にシャムスをコンヤへ連れ戻しました。シャムスを敵視していた人々は、肉体的にそばにいようと離れていようとルーミーの心はつねにシャムスのものであるという事実をあきらめて受け入れましたが、この黙認状態は長くは続きませんでした。歴史的調査では1年も経たないうちにシャムスは殺されたと考えられています。

一説ではシャムスの死を嘆いたルーミーが庭園の柱のまわりをぐるぐる回り、それがデルヴィーシュやイスラム教徒の苦行者たちが神に近づこうとして行う"旋舞"のもとになったとも言われています。微小な原子から惑星まで、すべてのものはひとつの軸を中心につねに回転しているという考えからです。私も旋舞の背景には神秘的な目的があると考えています。

　しかしルーミーは永遠に嘆きの旋舞を続けたわけではありません。敬愛する悟りの師を失ったことで、彼はみずからの内に悟りの師を求めるようになりました。彼が書いた何千もの詩や金言の中に、師との関係のさまざまな段階を見ることができます。愛、別離、再会、喪失。そして最後には彼自身の内に愛する師のエッセンスを見いだすのです。

　ハート、魂、美、愛、友などと呼びかけているのは、彼が必死につながりを求める神聖な源との熱烈な霊的交わりとも読め、彼の作品の多くは非凡な、しかしきわめて美しい祈りであると解釈できます。翻訳であっても、詩文が生き生きと踊っているようです。狂気、酩酊、愛のテーマが織り込まれた彼の詩は、月並みな恋愛詩か酔っぱらいの歌のように思われますが、ひとつひとつの言葉に吹き込まれた光に心を開いて読むと、これらのテーマの神秘的な深みには世俗を超越し、神とひとつになる知識が遠回しに語られているのです。

左ページ上・右上：イスラム神秘主義者たち。
マドゥ・マラティ(イスラム神秘主義の教本)の挿絵より。1799年頃

"おお、神よ
このつかみどころのない私自身のもとに
私をおいていかないでください
あなた以外の誰の前でも
ひざまずかせないでください

私は私自身の迷いや困難から逃れ
あなたのもとへ走ります
私はあなたのもの
どうか私自身のもとへ
送り返さないでください"

　ここで言われている私自身とは明らかに低次元の自己のことであり、これによって私たちは自分を神聖な源と分離した存在だと思い込まされています。低次元の自己に打ち勝つことができれば、安らかに高次の自己(ハイヤー・セルフ)、つまり本当の自分とともにあることができるのです。

"愛が私の中に入り
血となって全身をめぐり
私自身が出ていった空っぽの体を
愛する存在が満たした
私の全身の粒子のひとつひとつが
愛する存在に浸っている
私は名前のみになり、
あとはすべて愛する存在となった"

"助言などなんの役に立つだろう
あなたの愛に心酔しているときに
この男の脚を縛れ、と皆が言う
けれど狂気にあるのは私の心だ
脚を縛ってなんの役に立つだろう"

"孤独のほうがずっといい
幾千の人々とともにいるよりも
自由のほうがはるかに甘美だ
世界を肩に背負うよりも
神と対話するのは
たとえほんのひとときであれ
なににもまして素晴らしい"

"おお、愛よ
あなたはなにものか？
あなたはすべて
すべてはあなた
すべての黄金はあなたの意識からくるもの
あなたは母
すべての人間はあなたの子供"

「The Rubais of Rumi」より要約
ルーミーの四行連詩

右：フアン・デ・ラ・ミゼリア作
「アヴィラの聖テレサ」(部分)。1570年

アヴィラの聖テレサ──神秘的な力を持つ修道女

聖人の人生は、私たちの日常とまったくかけ離れたものだと考えたくなります。異なる遺伝子を持ち、誕生する前から神によってあらかじめ選ばれた人々なのだと。

　私たちは皆、それぞれ生まれる前から詳細に決められた運命を背負っているというのは事実ですが、聖人もまた人間であることを忘れてはなりません。今生において、あるいは今生でも過去生でも、目的を遂げるためには努力をしなければならないのです。天使の翼や光輪を備えて生まれたわけではありません。かれらの不思議なパワーや体験は、たんなる偶然や幸運ではないのです。かれらの際立った神聖さは、スピリチュアルな道に忠実であり、身を犠牲にしてその道の掟に従ってきたからこそ身についたのです。そしてまた、他者への無私の奉仕と神聖なる源への心からの愛のたまものであるのです。

　かれらはしばしば、ハイヤー・セルフの導きで古い因習を捨て去り、自分の道──すなわち神の道──を行くように促されます。そして自分が正しいと信じることを行うがため、試練をくぐり抜けなければなりません。そうすることでかれらは人々に奉仕していたわけですから、賞賛すべき生き方だと思います。

　聖テレサがスピリチュアルな道を非常に苦労して勝ち得たことには勇気づけられます。内的なものも外的なものも含め、

祈りのエネルギーを体験する　77

彼女はさまざまな試練に遭いながら道を貫き、奇跡的な結果を生みました。

　波瀾万丈の彫刻家、ジョバンニ・ロレンツォ・ベルニーニ（1598-1680）が、聖テレサの死後数十年して大理石に彼女の永遠の命を刻んだのは、この伝説的な女性に奇妙な親近感を覚えたからに違いありません。ベルニーニの情熱は世俗的で、彼が惹かれたのは肉体の美であるいっぽう、聖テレサの情熱は神聖で、惹かれたのは魂の美しさであったわけですが、畏敬に満ちた情熱の激しさという点で、共通のつながりがあるのでしょう。これを理解しがたいという人々もいますが、このふたりが成し遂げたことではなく、体験した事柄を考えれば、そのような情熱も理解できるのではないかと思います。

　聖テレサは1515年にスペインのアヴィラで生まれました。わずか6歳のとき、兄のロドリゴを説得して、当時人々に恐れられていた荒野へ旅します。そこで命を落とせば、より早く天の王国へ入れると思ったのです。幸い、心配した親戚に連れ戻されて事なきを得ました。

　テレサは何年もかかって世俗的な欲望と虚栄心の誘惑から自分を遠ざけ、祈ることへの耐え難い抵抗と戦い、やがてその神聖さで高く知れ渡る、神秘的な人物となっていきました。実際、修道女でありながら、祈りという悪夢よりも苦行のほうがましだとさえ考えていました。

　のちに彼女の身になにが起きたを考えると、これは非常に興味深いことです。ある嫌悪感や強いネガティブな傾向があって、それと戦い、屈服させたとき、正反対の心境に変わることがよくあるようです。スピリチュアルな栄光を勝ち得た人の多くが、それに先だって空しさや心の反乱を体験しているのは、そういうつらい体験を克服して初めて求道者は成長し、さらにその上の体験ができるということなのでしょう。

40代で、テレサにとって祈りはまったくべつの意味を持つようになり、彼女のスピリチュアルな活動は豊かな実を結びます。神聖な存在のビジョンを見ることに加え、空中浮遊も体験し、修道女たちに衣服をつかまえて降ろしてもらわなければならないほどだったと伝えられています。けれども彼女のもっとも驚異的な逸話は、ベルニーニが彫刻の題材に選んだもので、天使が現れて彼女の心臓に火のついた槍を突き刺し、激しい霊的な、そして肉体的な痛みが彼女を歓喜の恍惚状態にいたらせたというものです。その愛の衝撃はあまりに素晴らしかったので、テレサは彼女の話を疑う人々が自分と同じ神聖な体験をするようにと祈りました。

マスター・オブ・メスキルヒ(1500-43)作「三位一体図」(部分)。
ひざまずく礼拝者たち。

「聖母マリアの戴冠」
デーリック・バウツ（父）作、1455年

　そういう体験とその後の宗教裁判にもかかわらず、いや、それがあればこそ、テレサは神の愛を広めるという自分の使命を決して見失いませんでした。彼女はしばしば激しい抵抗に遭いながらも多くの女子修道院を築き、当時ではセンセーショナルだったに違いない詳細な自伝を記しました。

　彼女の類い希な人生は、伝統的な教義によって隔てられた宗教同士を結びつける神秘的体験を表しているように私には思えます。彼女がもしヒンドゥー教徒に生まれていたら、彼女の奇跡体験はヨーガの訓練で使いこなせるようになる霊的なパワー"シディ"であるとみなされたでしょう。それはクンダリーニの上昇によって生まれるパワーですが、そのような概念は16世紀のスペインでは彼女ばかりか誰も知り得なかったでしょう。

ジョージ・キング博士——祈りの科学のマスター

ジョージ・キング博士こそまさしく"祈りの英雄"と呼ぶにふさわしいでしょう。博士は祈りを最高のレベルに高め、愛のエネルギーを意識的に送って驚くべき結果をもたらすその方法には、もっとも心の開かれた人々でさえ目をみはるほどです。

スピリチュアル・ヒーリングの熱心な支持者であり推進者でもある博士は、これは誰でも習得して実践できるスキルだと考えつきました。博士が初めて祈りのパワーで癒しを行ったのは、11歳の時です。

1930年当時、キング一家はイギリス北部の田舎町に住んでいました。母のメアリー・キングは長い間、重い病気でした。医者の往診も効果がなく、20マイル（32.2km）ほど離れた隣町の専門医を呼ぶことになりましたが、翌日にならないと来られないということでした。

その晩、幼い息子は重病の母をなんとか助けたいと思いました。激しい雨と風にもかかわらず、幼いジョージ・キングはオイル・ランプを手に闇の中を、いつも遊ぶ森の野原へ行きました。なぜここへ来たのか、これからなにをすればいいのかもわからないまま、濡れた地面にランプを置いてずぶ濡れで立ちつくしました。

少年は町の教会の美しいステンドグラスを思い浮かべて、祈りはじめました。嵐の闇夜で唯一の助けであるオイル・ランプが消えてしまいました。そんな状況で子供なら誰でも抱く恐怖をこらえ、彼は祈り終えるまではやめるまいとがんばりました。従来のやり方で祈りはじめたものの、だんだんと熱がこもり、両手をふつうみたいに組むのではなく、てのひらを家の方向へ向けるように促された気がしました。

そのとき、ふとある気配がして目を開けると、長衣を着た長髪の男性が3メートルほど離れたところにいるのが見えました。ランプも持ってないのに不思議と光り輝いています。男性は微笑んで右手で方向を示し、「行きなさい、お母さんは治ったよ」と言うと、消えてしまいました。

　期待に胸弾ませ、少年は家へ急ぎました。母は階下に降りてきて、食事を食べさせてもらっていました。何日も見ていなかった光景です。直感力の優れたヒーラーであったメアリー・キングはなにがあったのかを悟り、息子に深く感謝しました。翌日、メアリーは当惑顔の医者と専門医にその話をして聞かせ、ほかに打つ手のなかった医者たちはその奇妙な話をただ聞くしかありませんでした。

　それから何年もして、キング博士はヨーガをはじめ、フルタイムの仕事に加えて毎日8時間行うようになりました。古代の悟りへの道に従ううち、博士は驚くべき意識の高みに到達し、並優れた超能力を発達させました。

　50年代初めの朝鮮戦争のとき、あまりにもパワーをこめて平和を祈っていると椅子から浮き上がり、天井に頭がついてしまいました。当時の男性のひとりとして博士もヘアクリームをつけていたので、天井にしみがつきました。ユーモア旺盛な博士は、厳格なローマ・カトリック教徒の大家さんに気さくな調子でこの話をして、天井を洗って請求書を自分にくれるように頼みました。そして信じがたい顔つきで口をぽかんとさせている大家さんを残して、その場を立ち去りました。

　博士が仕事から帰ってくると、天井は洗ってあり、しばらくして大家さんが戸口に来ました。博士がドアを開けると、彼女はまだショックが抜けきらない様子で後ずさり、こう言ったそうです。「私はべつに関心なんてないけど、天井のしみとあなたのヘアクリームの匂いを嗅ぎ比べてみたら、同じ匂いだった」と。キング博士は今度もまた「ちょっと部屋を飛びまわっていたので」と説明しました。

井戸端のサマリア人の女と
キリストを描いたモザイク画（部分）。
6世紀

　もともとスピリチュアルな人物だった博士にとっては、たんなる面白い体験だったこの出来事は、大家の女性にショック以上の効果を与えました。このことに強い影響を受けた彼女はしばらくしてビジョンを見たのです。本人いわく聖母マリアが出てきたとのことで、彼女はそのお告げを変わり者の間借り人に話しました。キング博士が私たちに語ったところでは、それは博士の知る中でも"きわめて驚異的な直感力"によるお告げだったそうです。

　キング博士は祈りを愛していたと言っても過言ではないでしょう。そのパワーをあれほど強く信じていた人を私はほかに知りません。みずからが知り得たものは聖なる科学であると確信していたのです。個人と世界の変容の道具としての祈りを推奨する博士の情熱は計り知れないものでした。博士はきわめて現実的な人間であり、根拠のない願望を抱いたりはしませんでした。以下に挙げる、博士が1980年に出版した『The Truth About Dynamic Prayer（仮題　ダイナミックな祈りの真実）』からの抜粋が、私のどんな文章よりも明らかにそれを説明してくれると思います。

祈りのエネルギーを体験する

「ダイナミックな祈りは素晴らしい表現であり、魂の歌だ。魂は歌い、みずからを包む光を表現し、前進し、喜びにあふれる魂が発する変容のパワーを必要とする人々を助け、育てることを望んでいる。あなたがたはみずからの魂にそうさせてあげなくてはらない。この美しい顕現を起こさせ、この素晴らしいエネルギーの波をあなたがたのマインドとオーラいっぱいに広げ、あなたがたが水面に投げた糧がすべての人々に行き渡るようにしなければならない。あなたがたがそういう努力をすればするほど、得られるものもより確かになる。これは法則だ。不可能が望みなら、これがそうだ。ダイナミックな祈りをなんの報いもなしに人に送ることはできない。不可能なのだ。報いは必ず訪れる。遅かれ早かれ必ず！　神よ、もしも私がこの大いなる真実をこの惑星の怠惰な人々すべてに知らしめることができたなら、この朝にも35億人（今現在の推定世界人口）の祈り手により、午後には全世界がまったく変わることだろう！

　だからあなたがたの論理的とされる部分、顕在意識に惑わされることなく、魂を歌わせてほしい。その歌はあなたがたの高次の自己に引き継がれ、あなたがたは驚くほど変容するだろう。ひとたびそれを心で味わえば、二度ともとには戻りたくなくなるだろう。あなたがたすべてに警告する。私は有意義な経験をもとに語っているのだ。あなたがたのため、世界のために、目を啓くことだ」

右：2本の木の下に座るヨーガ行者。
インドの細密画、1760年

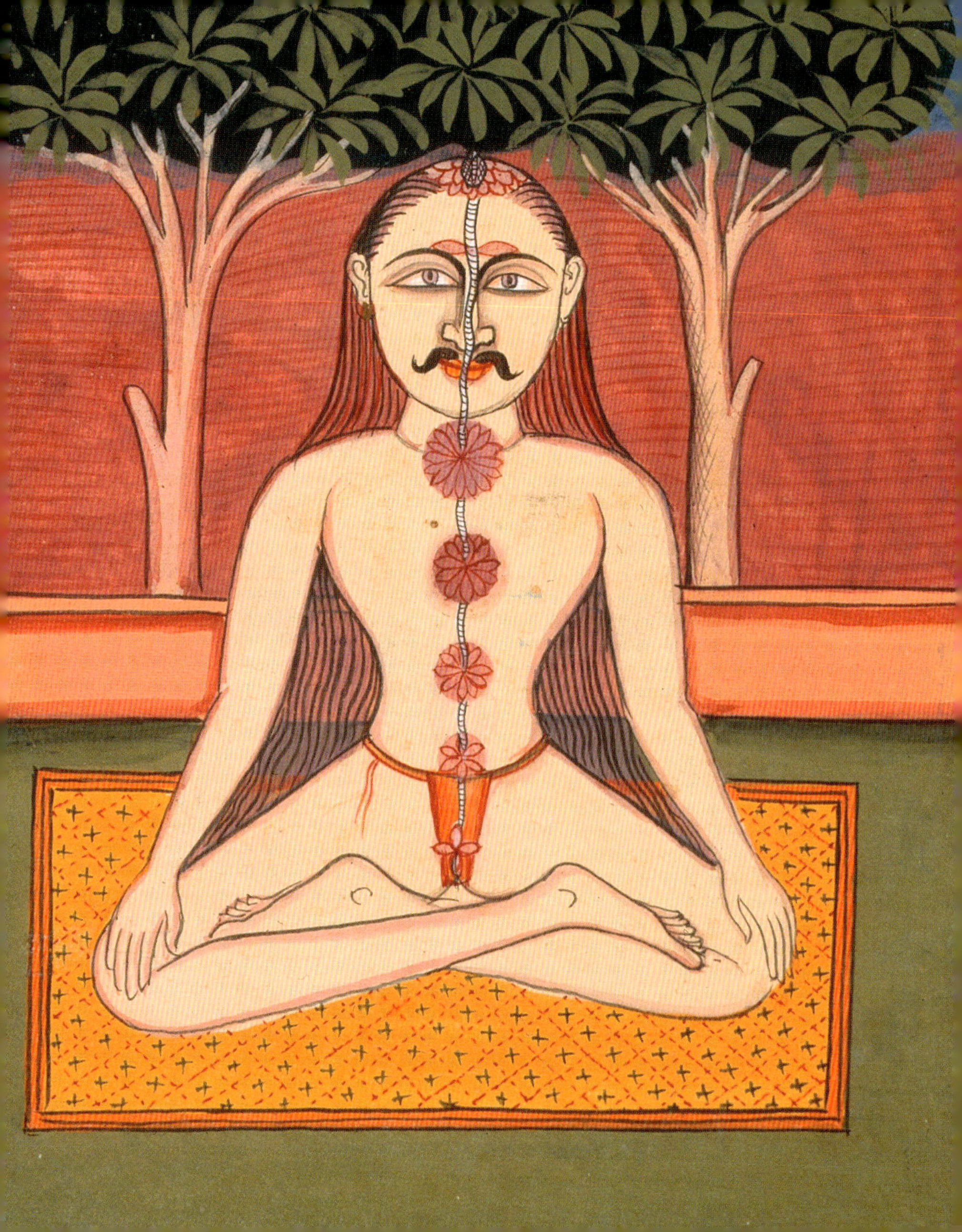

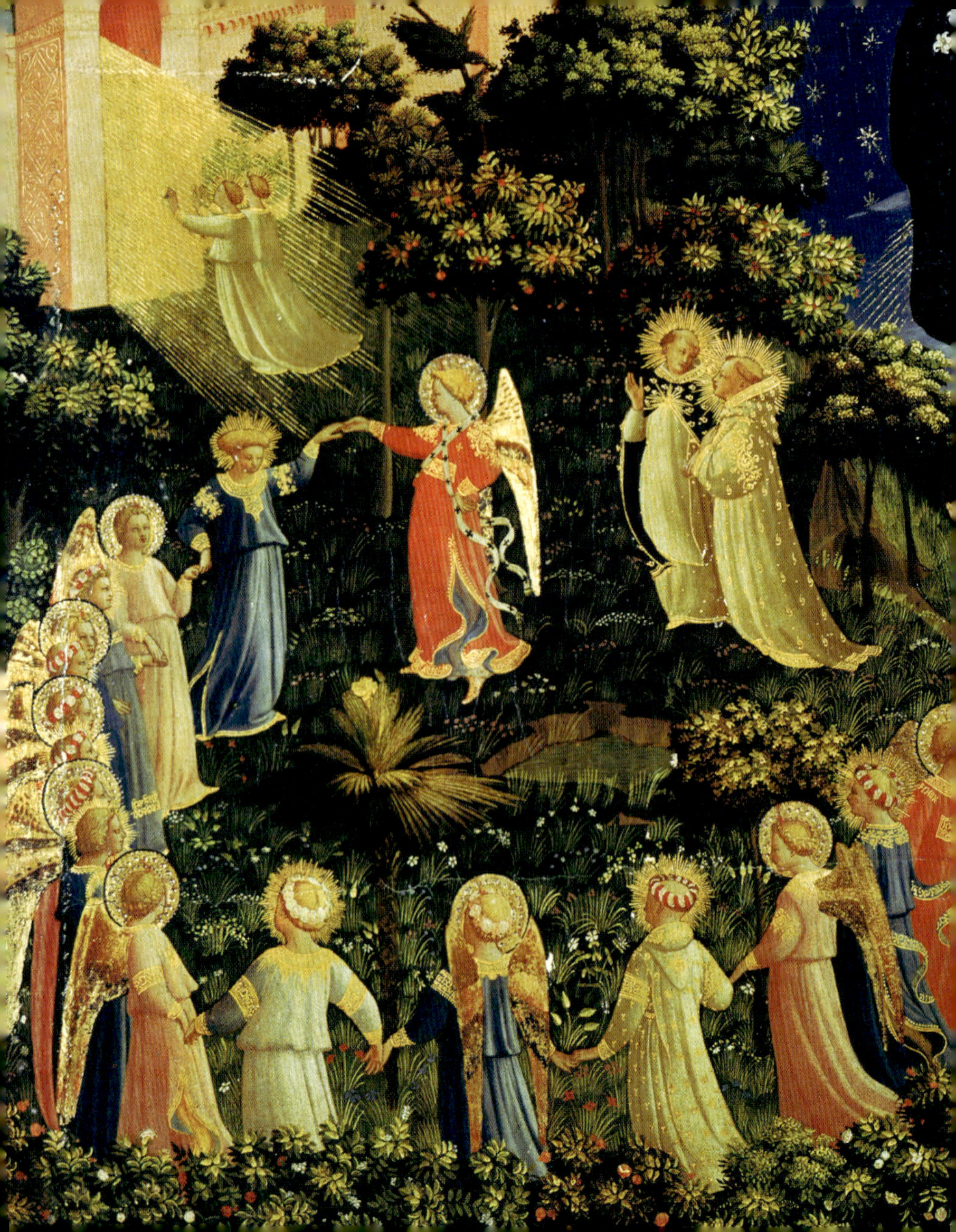

第2部

祈りのエネルギーを活用する

　祈りのテーマは無数です。正しく祈れば、いかなる問題でも状況でも効果があります。第2部ではその万能性について解説していきます。私は20のテーマを挙げましたが、ほかにもいくらでもあります。ここに挙げた祈りの中から、必要に応じて有効なものを選ぶとよいでしょう。

　あるいは、第1部の内容を参考に、あなた自身の祈りを考えたいと思われるかもしれません。いずれにしても、重要なのは祈りを学ぶのではなく、実践することです。

フラ・アンジェリコ作「最後の審判」(部分)

行動

エドマンド・ブレイクの格言です。「悪を勝利させるためには、善人がなにもしないことである」。私たちは歴史を通じて、何度もこれを目の当たりにしてきました。残忍な独裁者が権力を握るのは、人々がそれを食い止めようとしないから、あるいはなすすべがないと信じているからです。不正が横行するのは、人々が事なかれ主義で、自分は行動を起こす立場にはないと思っているから。つまり無関心が蔓延しているからなのです。

けれどいい知らせがあります。世界の状況を変えるために誰でもできることがあるのです。それが祈りです。世界へ向けてスピリチュアルなエネルギーを送ると、世界の意識が変わっていきます。キング博士が言うように、じゅうぶんな量のスピリチュアル・エネルギーがあれば、世界中の問題をすべて解決できるのです。

地球の数知れない問題を解決するには、正しい行いのできる人々を励まし、その行いを続けられるように祈りのエネルギーを送ることが大事です。

また、私たちの中のスピリチュアルなエネルギーを活性化させて、私たちがしばしば感じる無関心や無気力を克服していくこともできます。

右：薬師如来を描いたタンカ(布絵仏画)、1780-1880

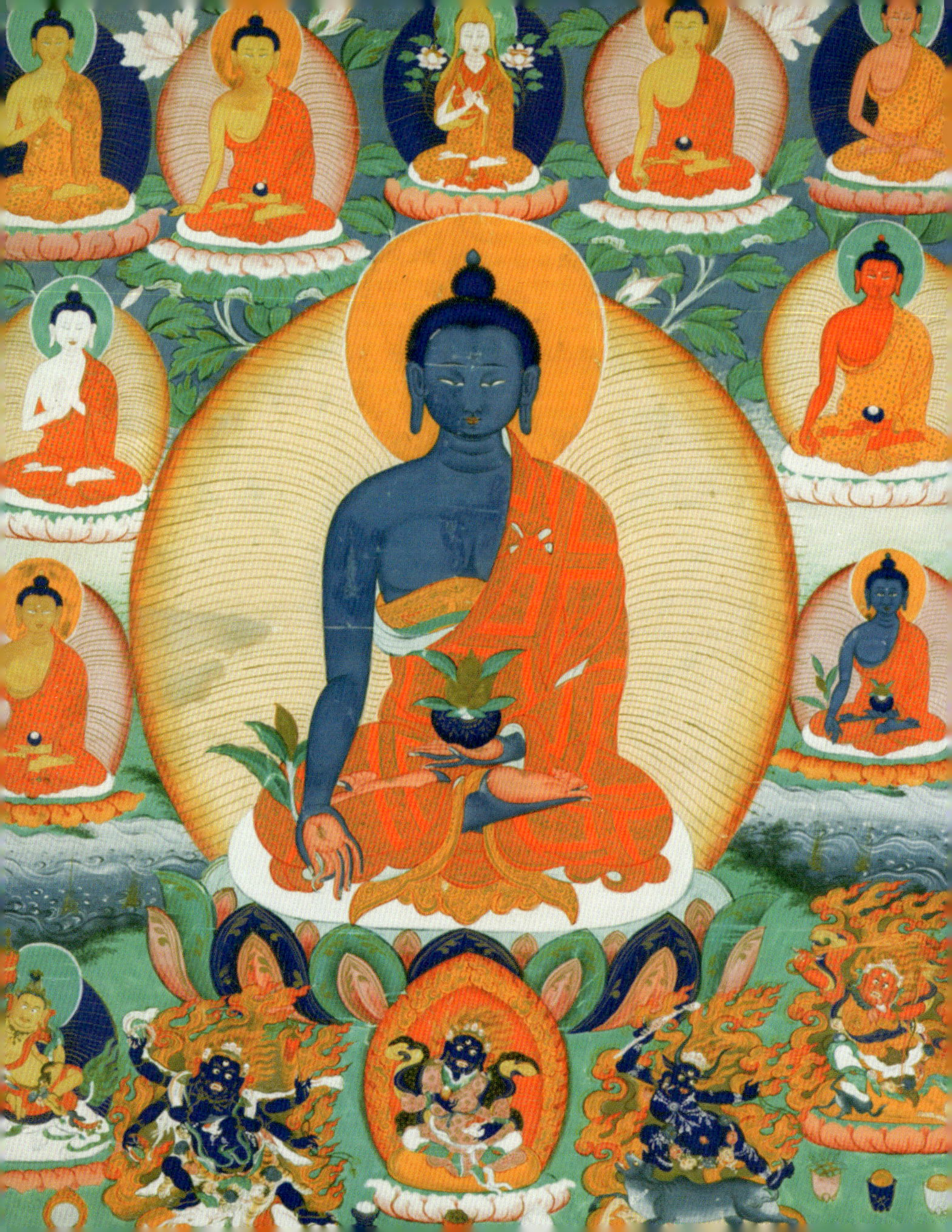

共通の祈り

あまねく存在する主よ
いとも尊きお方よ
あなたと人類のために
熱き心でたゆまず奉仕できますよう
心を制する力をお与えください
あなたの道具として
私をお役立てください

愛する存在よ
私の弱さと欠点と悪しき考えを
とりのぞいてください
あなたの光と恩恵と祝福を
いただけますよう私を浄めてください

私の内にまします存在よ
病のない生命を与えてください
あなたをつねに思い出させてください
肉欲を忘れさせてください
賢者や聖者とともにいさせてください
冷静さと眼識と気高き徳を
お授けください

内なる全知の統治者よ
あなたの喜ばしき伝令にならせてください
そして世界中に喜びと平和と
祝福を広げていけますように
この体と心と感覚を
あなたと人類のために役立ててください

慈悲深き主よ
私の本当の神性を
つねに意識していられますように
日々の行いの中で
私の神性を表現できますように
私を生ける神とならせてください

全能の主よ
あなたの不死の息吹を
私に吹き込んでください
神のネクターを飲ませてください
究極の平和と永遠の至福と神の光輝に
満ちた天上界へ私を引き上げてください
あなたの中に永遠に住まわせてください
心より敬い申し上げます
憐れみ深き主よ

スワミ・シバナンダ（1887-1963）。要約

旅

はるか昔から、旅人に向けて祈りが唱えられてきました。「どうぞご無事で！」というあいさつ代わりの言葉も、旅に出る友や愛する人の無事を祈る一種の祝福です。

シヴァ神の神殿へたどり着いた巡礼者たちを描いたインドの細密画。
1760年頃

祈りのエネルギーを活用する

クラッシス港のモザイク画。
サンタポリナーレ・ヌオヴォ教会。
16世紀

　旅の目的にもよります。聖地を目指すスピリチュアルな旅、あるいは巡礼は、スーパー・マーケットへ出かけるより明らかに祈るにふさわしい旅と言えるでしょう。救助の旅、たとえば事故現場へ向かう救急車や災害地へ飛ぶ救助隊はさらに祈るにふさわしいと言えます。

　とはいえ、すべての旅はスピリチュアルとも考えられるわけで、旅に出る際に祈りたいと感じることもあるでしょう。

　ここにネイティヴ・アメリカンの興味深い旅の祈りをひとつ挙げます。現代の普通の西洋人の旅行にはあてはまらないかもしれませんが、祈りの言葉をより工夫し、潜在的な意義を持たせる手本となるでしょう。

旅立ちに向けて

神よ、あなたは山々と幾多の谷を統べるお方。
山を越え、谷を抜けて旅するとき、私はあなたの足元にある。
あなたはありとあらゆる動物で私を取り巻く。
孔雀、キジ、イノシシが私の前を横切る。
それらの生き物をあなたの造りたもうた作品として見ることが
できるよう、かれらの美しさに私の目を開きたまえ。
あなたのお力、あなたのお考えにおいては、
すべてのものは豊富にあふれています。

スー族の祈り

感　謝

「あなたの頭脳を、経験への永遠の感謝の
　うちに住まわせなさい。あなたのハートを、
　あなたの神性への永遠の賛美のうちに
　住まわせなさい。そうすればあなた自身も
　また真の神となるでしょう」

キング博士がチャネリングで主イエスからいただいたこれらの素晴らしい言葉は、12の祝福と題された中にあるもので、生き方を示してくれています。

　どんな経験でも感謝すると、喜びはより大きく悲しみは小さく感じられるものです。人生は不公平だとひねくれていると、自己憐憫と不満で惨めな状態に陥ります。そのかわりに感謝できるたくさんのことに目を向ければ、瞬時に気分が変わり、それは自分だけでなく周囲のためにもなるのです。

　感謝できることはじつにたくさんあります。宇宙の荘厳さ、私たちが生きているこの惑星の美しさ、歴史上の天才たちの卓越した芸術作品、などなど。月並みに聞こえるかもしれませんが、人生は不公平だとひがんでいる人にとっては、落ち着いて感謝できることのリストを作ったり、困難な境遇や障害を抱えながらもポジティブに明るく生きている人々の話を見聞きすることは、とても効果的なエクササイズです。

　たとえ神に感謝する気持ちが自然と湧いてこなくても、そういう気持ちを養うことはじゅうぶんに価値があり、あらゆる面でより充実した人生を送れるようになるのです。カルマの特質として、私たちは受け取ったものに感謝し、困難なときにも感謝することで人生の試練をくぐり抜けていけるのです。ここに挙げるシンプルな魔術的な感謝の祈りには、感謝できる事柄が要約されています。

祈りのエネルギーを活用する

魔術の祈り

私たちに心からの感謝を捧げさせてください
豊かな収穫に苦労して学び取った
人生の知恵に私たちを結びつけ

　　　　不和の心に喜びと温もりを
　　　　もたらしてくれる人々に

これはユダヤ教の聖書からの抜粋です。

聖歌136番

善なる主に感謝を捧げん
主の情けは永遠に
神の中の神に感謝を捧げん
主の情けは永遠に
主の中の主に感謝を捧げん
主の情けは永遠に

朝に目覚めたら、朝の光に感謝しなさい
自分の命と力に感謝しなさい
食べ物に感謝しなさい
生きる喜びに感謝しなさい
感謝する理由がわからないと言うなら
誤りは自分の内にあるのだ

　　　　　　　　ショーニー族酋長ティカムセ（1768-1813）

祈る人。
カンボジア。
15世紀から16世紀

細かいことを言うようですが、たとえば天気についてたいていの人は感謝をするよりすぐに不平をもらしがちです。でも難しいかもしれませんが、どんな天気でも感謝し、無言の、あるいはダイナミックな祈りで表現しましょう。ほかのすべての体験と同じように、天候もカルマの結果であることを覚えておいてください。天候は私たちの集合的カルマの結果なのです。天候は自然の精霊、ディーヴァが司っています。かれらは人間から意識的、あるいは無意識に与えられたエネルギーを使い、カルマの法則の中で正確に働くため、善悪にかかわらず与えられたすべてのエネルギーを使います。だからディーヴァに感謝し、自然に対して愛を放てば、ポジティブなエネルギーを送り、実際に天候を回復させることもできるのです。

フィリッピーノ・リッピ作
「聖ヨセフと洗礼者聖ヨハネによる受胎告知」(部分)
1485年頃

天　使

「つつしんでお願いします。
癒しのガイドたちが、
その立場にありますならば、
そばにいられない私に代わって、
今このときに苦しんでいる私の妻を
助けてくださいますように。
彼女の名は……」

大変な朝でした。私はロンドンで500人もの聴衆の前でスピリチュアル・テクニックのデモンストレーションをすることになっていましたが、妻が肩を脱臼してしまったのです。友人が妻にヒーリングを施し、必要なら病院へ連れていってくれるとわかっていましたが、妻を残していくのはいたたまれない心地でした。けれど何百人もの人々にヒーリングのテクニックを教える義務があり、いかにも妻らしく、彼女も全面的に賛成してくれました。

　そんな状況で、私は会場へ向かいながら天使に助けをお願いすることにしたのです。前述のようにガイドに祈り、私の妻のためであることがわかるよう、妻の姓名を告げました。

右：スルタン・ムハンマド（1539-43）作とされる
「ムハンマド昇天祭」

شش اتمامی داد / کوش راحت غلامی داد

می در تنزیل / وین همین خبر بنقل دلیل

するとぶっきらぼうなユーモアのにじむ温かい共感の声が返ってきました。「私たちはあなたの妻が誰か知っているよ！」と。不思議なことに、その愛情深いからかいの返事は、格式張った返答をされるよりずっと心を和ませてくれました。おそらくかれらは私が頼むよりも先に助けの手をさしのべてくれていて、妻はじゅうぶんに癒しの恩恵を受けていたのだと私は悟りました。
　このエピソードで、私たちのスピリット・ガイド、あるいは守護天使は私たちが思うよりずっと多くのことを知っているのがわかります。ときに私たちが直面する苦難を私たちよりずっとよく認識しています。それでもやはり、祈りのパワーは無視できません。それは魔法の引き金であり、かれらにカルマの法則で許されている以上の手助けをしてもらえるのですから。
　まだ若い頃、ガイドに守ってもらった思い出があります。25年も前ですが、私はキング博士の手伝いでスイスのホテルに泊まっていました。夜、部屋にひとりでいると、はっきりとは見えないけれどなにか暗い存在がいる気配がしたのです。するとさらに、もうひとりの存在に気づきました。大柄で強そうな顔つきのネイティヴ・アメリカ

サンドロ・ボッティチェリ作「神秘の降誕」（部分）1500年

ンのスピリット・ガイドで、ゆっくりと断固たる口調で「この若者にかまうな！」と邪悪な存在に命じました。邪悪なものが出ていくと、ネイティヴ・アメリカンのガイドは完全にいなくなったことを確かめるために追いかけていきました。

このちょっとした逸話は、霊能力者でなくても危ないときにはガイドの存在を感じることができるという一例です。

ガイドとよくコンタクトをする人たちはかれらを"天使"と呼んだりしますが——この種のコンタクトの不思議について解説した私の著書『Gods, Guides, and Guardian Angels（仮題　神、ガイド、守護天使）』で詳しく取り上げています——そういう高次元の存在に願い事をするときは気をつけなければいけません。あなたにじゅうぶんな霊能力があり、安全に"霊界"からチャネリングできるのでない限り、個人的なお願いはしないほうが無難です。特定の天界の存在やグループを呼び出すより、あなた自身のスピリット・ガイドあるいは守護天使に助けを求めましょう。それにはやはり、祈りを通して訴えかけるのが最適です。

しかしあえて強調しますが、いつもガイドや守護天使に助けを求める必要はありません。ガイドや守護天使の存在を感じなくても、ヒーリングやスピリチュアルな行いはなんの問題もなくできます。神に、あるいは神聖な源に祈れば、カルマによってあなたが受け取るべき助けは得られるのです。

あなたがガイドに気づかなくても、かれらは確かに存在し、かれらにできる方法であなたを助けてくれます。どんな助けをするか決めるのはかれらです。

でもときには、私の妻が怪我をしたときのように、特殊な状況でスピリット・ガイドに直接的な癒しや導きや守護を求めたくなることもあるでしょう。そういうときはガイドに依存するのではなく、助けを求めて祈りましょう。物質界であれ霊界であれ、ほかの存在に自分の人生を預けてしまわないよう、私たちは自分の足で立ち、与えられた助けを当然のものと考えないことが大切です。ガイドたちは私たちの願いよりもっと大事な仕事がたくさんあるかもしれないのですから、聞き届けてくれるだけ

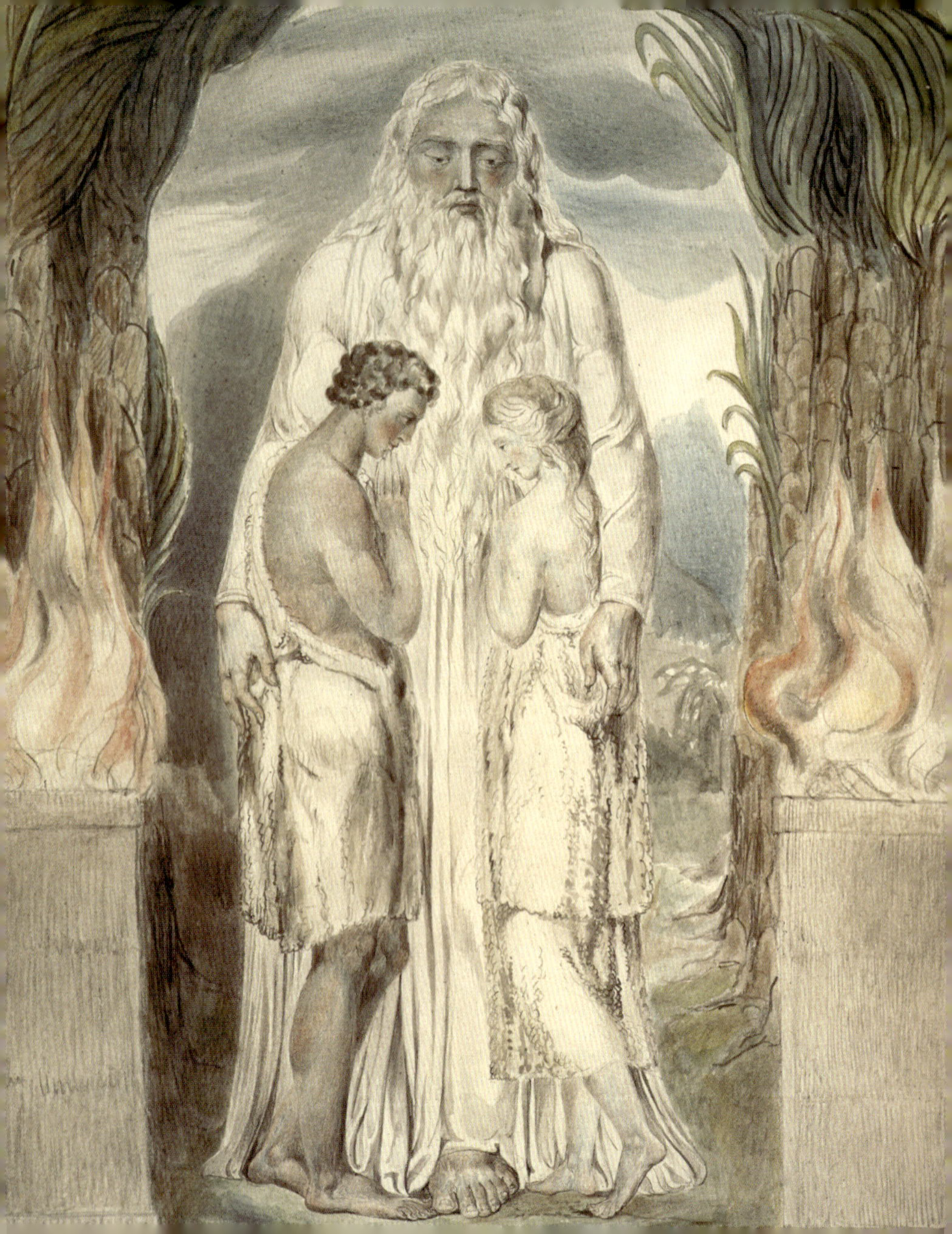

でもありがたいのです。
　ここに挙げるのは"祖先の偉大なスピリット"に捧げるネイティヴ・アメリカンの祈りです。背景上パイプが出てきますが、祈りながら煙草を吸えと言うことではありませんのでご承知ください。

祖先の祈り

祖先の偉大なスピリットよ
私はパイプを掲げ、敬意を表します
あなたがたの使者である四方の風に
あなたがたの子孫を生んでくれる母なる大地に
私たちの子供たちが平和な心を持って育つように
愛と尊敬と互いへの思いやりを教えてやれる知恵を
私たちにお授けください
あなたがたが私たちのために
この地上にもたらしてくださるすべてのよきものを
分け合うすべを教えてください

左：ウィリアム・ブレイク作「神の天使」

叡智

知識と叡智がかけ離れたものであることは、まったく同じ情報をもとにさまざまな分野の専門家がまったく違う結論を出すことからもわかります。世界の経済状況について正反対の見解を示す経済学者たち、同じ症状に違う処方をする医師たち、さまざまに意見の異なる学者たちを見れば、知識が必ずしも叡智を生むとは限らないとわかるでしょう。

　賢明な人にとって、知識より大事なのは愛の心とそれを行為で表現する能力です。内なる小さな声である直観は、間違うことなくかれらを正しい方向へ導きます。思考と感情のバランスよい融合のたまものである叡智によって、かれらは自分がなにをすべきかを完全に理解できるのです。

　賢明な人はさらなる叡智が必要であることを知っています。そのことを知らない人は、それにもまして叡智を必要としているのです。

暗闇に光を

永遠なる光よ
私たちの胸を照らしたまえ
永遠なる善よ
私たちを絶望から救いたまえ
永遠なる力よ
私たちを支えたまえ
永遠なる叡智よ
私たちの無知を払いのけたまえ

アルクィン（735-804）

右：天使と聖人を描いた
インドの細密画。
1820年

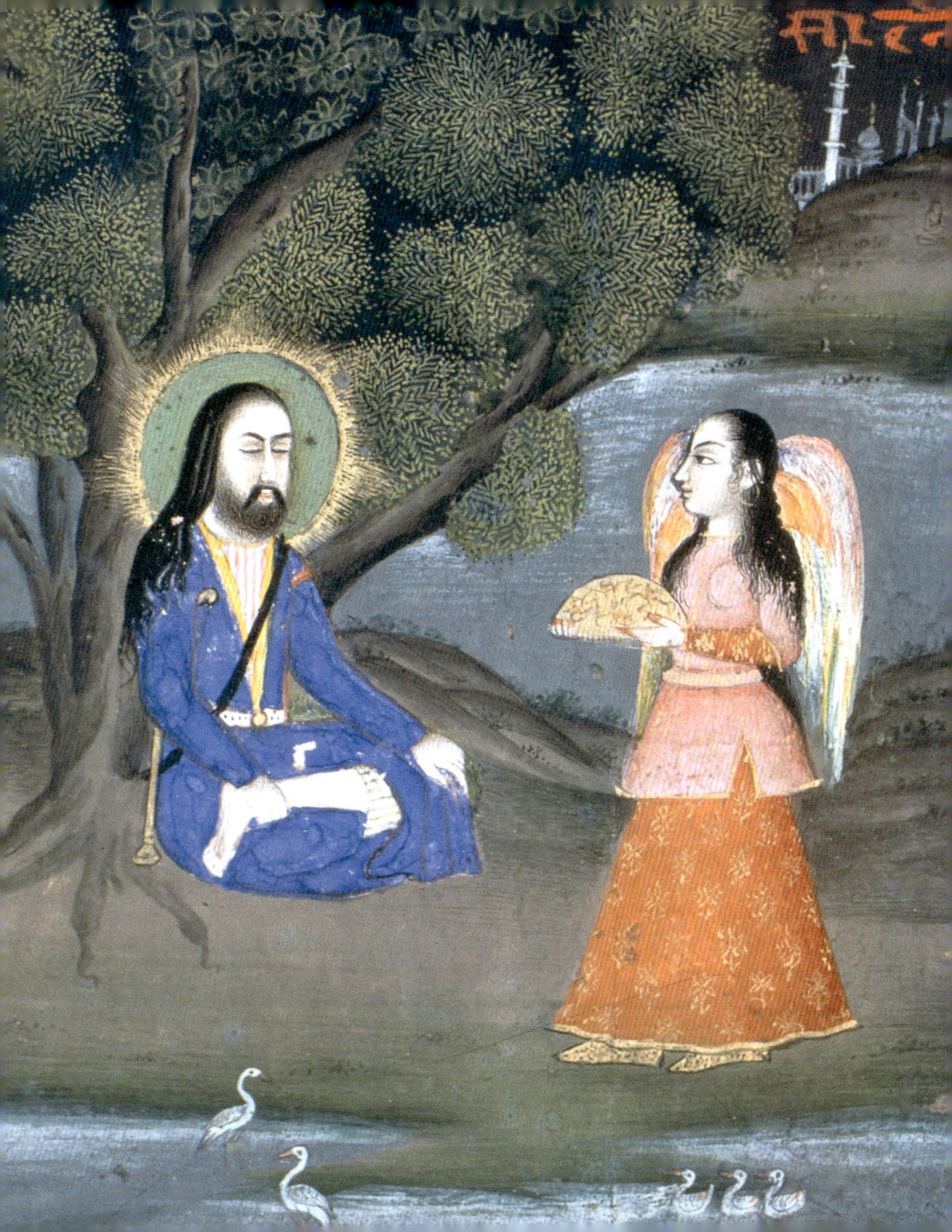

明晰さ

詩人のテニスンは幼少時からときたま自分に訪れた状態をこう表現しています。「強烈な個の意識を脱し、果てしない存在の中へ溶けていく感覚。しかしまったく混乱はなく、意識は限りなく明晰で確信に満ちている。言葉を超越し、死は滑稽なほどありえず、個を失うこと（もしそうであるなら）は死滅ではなく、唯一の真の命を生き……」この"限りなく明晰"な状態は、東洋の書物にある神秘的な状態、低次元の自己が消失し、すべてとひとつになる体験によく似ています。

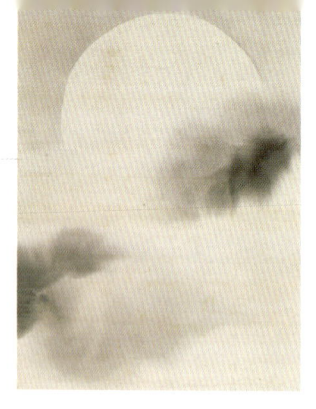

明晰さは論理的思考のたまものと思われがちですが、むしろあることに一心に集中した結果なのです。ざっくばらんに言うと、努力は明晰さを生み、怠惰は混乱を生むのです。

スリ・パタンジャリの時代を超えた金言の中にこうあります。「私たちのいくつかの識閾は、いっそうの明晰さを生み、あるいは減じさせる。避けるべきふたつの識閾は、間違った信念による妄想と実際の意味を伴わない言葉を使うことである。前者は気づきやすいが、後者は微妙でわかりにくく、きわめて頻繁に陥りがちだ」集中や黙想を実践していくと、そういうことに気づきやすくなります。感情にまかせて、心にもないことを言ってしまう場合がどんなに多いことか。先入観や偏見や感情のもつれや政治的信念によって、事実として言ったつもりが、よく考えるとまったく違っていたということはよくあります。

西洋に渡った最初のヨーガ行者として、東洋の叡智をもたらした19世紀のスワミ・ヴィヴェーカーナンダは明敏な分析的頭脳と人間性への深い共感力に恵まれていました。彼の名前の語義は"至福（アーナンダ）"と"識別力（ヴィヴェカ）"です。

完全な明晰さに到達すれば、私たちの人生はまったく新しい次元のものになります。誰に認められなくともそれは徳であり、祝福なのです。混乱は闇であり、明晰さは光です。私たちは日々、大なり小なりの決断を迫られます。それには明晰さが大いに役立つのです。さまざまな決断が今の私たちの人生を作っているのであり、明晰さがあれば人生はにわかに好転します。

　テニスンの言葉を借りれば、霊的な悟りとは至高の明晰さです。スピリチュアリティは漠然とした非現実的な状態と見られがちですが、じつはそれこそが真の意味での現実なのです。

明晰さへの祈り

主よ、あなたのしもべに
言葉をください
聞くことのできる耳を
見ることのできる目を
従うことのできる意思を
愛することのできる心を
お与えください
そしてあなたのご意思を宣言し
明らかにし命じ
要求してください
アーメン

　　　クリスティーナ・ロセッティ(1830-94)

純粋さと清らかさの祈り

私の魂を
純粋に清らかにしてください
凍てつく空のように
今年初めての雪のひとひらのように
この胸の内にあるものを

　　　ジョン・キーツ (1795-1821)

勇敢さ

私たちにじゅうぶんな勇敢さがあれば、なにができるか考えてみてください。みじんも恐れのない日々——良識と慎重さは大切ですが、恐れというネガティブなエネルギーはまったくない日々を想像してみてください。

恐れは無用の長物であり、私たちの人生の目的の妨げにしかなりません。恐れの中には私たちが自覚しているものも、そうでないものもあります。孤独への恐れ、ありとあらゆる不安、制限された背景を逸脱する考えへの恐れ、これらすべては勇敢さで克服できるのです。恐れから解放されると、早く効果的に持続的に霊的な成長を遂げられます。勇敢さの最大の用途は内側を見ることだからです。勇敢さとはなにが見えようと心の深みを探っていくことであり、私たちという存在のすべてを理解と共感の光で照らせば、その光をほかの人々へ放っていくことができるのです。私たちは大なり小なりの恐れをときに感じます。恐れを抱くことに慣れきっているため、その正体を見きわめ、それがいかに私たちを束縛するものかを知ろうとしません。しかし祈りによって恐れを追い払い、本来の人生を生きることができるのです。

勇敢さを求めるヴェーダの祈り

主よわれらに勇敢さを与えたまえ
心広きお方よわれらを助けたまえ
邪悪な敵を遠ざけたまえ

呼吸とともに
勇敢さを吸い込めますように
地上の勇敢さと天国の勇敢さを!
勇敢さが
われらの前後の守りとなりますように!
勇敢さがわれらの上下を
取り巻いてくれますように!

勇敢でいられますように
友をも敵をも恐れぬように!
勇敢でいられますように
すでに知ることも
未知のことも恐れぬように!
勇敢でいられますように
夜も昼も!
世界中のすべてを友とできますように!

ライムンド・パニカー著「ヴェーダの体験」

左:ピエロ・デラ・フランチェスカ作
「キリストの洗礼」1450年

上:ヴェーダの自然元素の神を描いた壁画。
7世紀から8世紀

次に挙げるのは厳密には祈りではありませんが、スピリチュアルな内容なので、確信と感情をこめて唱えれば恐れを変容させる有効なツールになるでしょう。

弟子の確言

私は大いなる光の中の、
　一粒の光
私は神聖な愛の流れの中の、
　一筋の愛のエネルギー
私は神の意志の炎に捧げられた、
　ひとつのいけにえの火

それが私

私は人々が悟りに至る道
私は人々を支える力の源
私は人々の道を照らす一筋の光

それが私

そのようにして私は循環する
そして人々がたどるこの道を歩む

そして神の道を知る

それが私

アリス・ベイリー (1880-1949)
「テレパシーとエーテルの伝達手段」より

次は趣が変わり、自分たちのためではなく、ほかの人が勇敢であるよう祈るものです。

魔術的祝福の祈り

太陽の神が空高くましまして
立ち向かう勇気をあなたに
　与えてくれますように
あなたの魂の海が癒されて
あなたを完全な存在に
　してくれますように

導き

私たちはときに絶望のうちに天を仰ぎ、「神様、どうしたらいいでしょう?」と問いかけることがあるのではないでしょうか。これは本能的なものです。純粋に心を開いて導きを受け取るのは、それとはまったくべつのことです。

　神にどうすればいいかを問うとき、私たちは言葉ではなく、心で訴えるのではありませんか? そのとき実際は「神よ、私は無条件にこの身をゆだねます、どうかお導きください、どんなことでも完全に従います」と言っているでしょうか? それとも「神よ、今のこの状態から抜け出させてください、私はなるべく努力をせずにこの問題を解決してください、この邪魔な問題さえなければ、私はしたいようにできるのです」と言っているでしょうか? このふたつのアプローチの違いで、神の導きを得られるか否かが決まります。

　じつは私たちのすべての問いかけに対する答えは、私たち自身の中に見つかります。本来、私たちをつねに導いているのは私たち自身のハイヤー・セルフなのです。困難な状況にあるとき、本当の問題は答えが見つからないことではなく、それに対処する勇気と強さを求めているのではないでしょうか。落ち着いて考えれば、たいていどうすればいいかわかるのですが、そうしたくないと思っていると問題は複雑化してしまいます。そういうときこそ、内なる声は決して私たちを間違った方向へは導かないということを思い出してください。私たちに必要なのはその声を聞く能力と、それに従う勇気です。

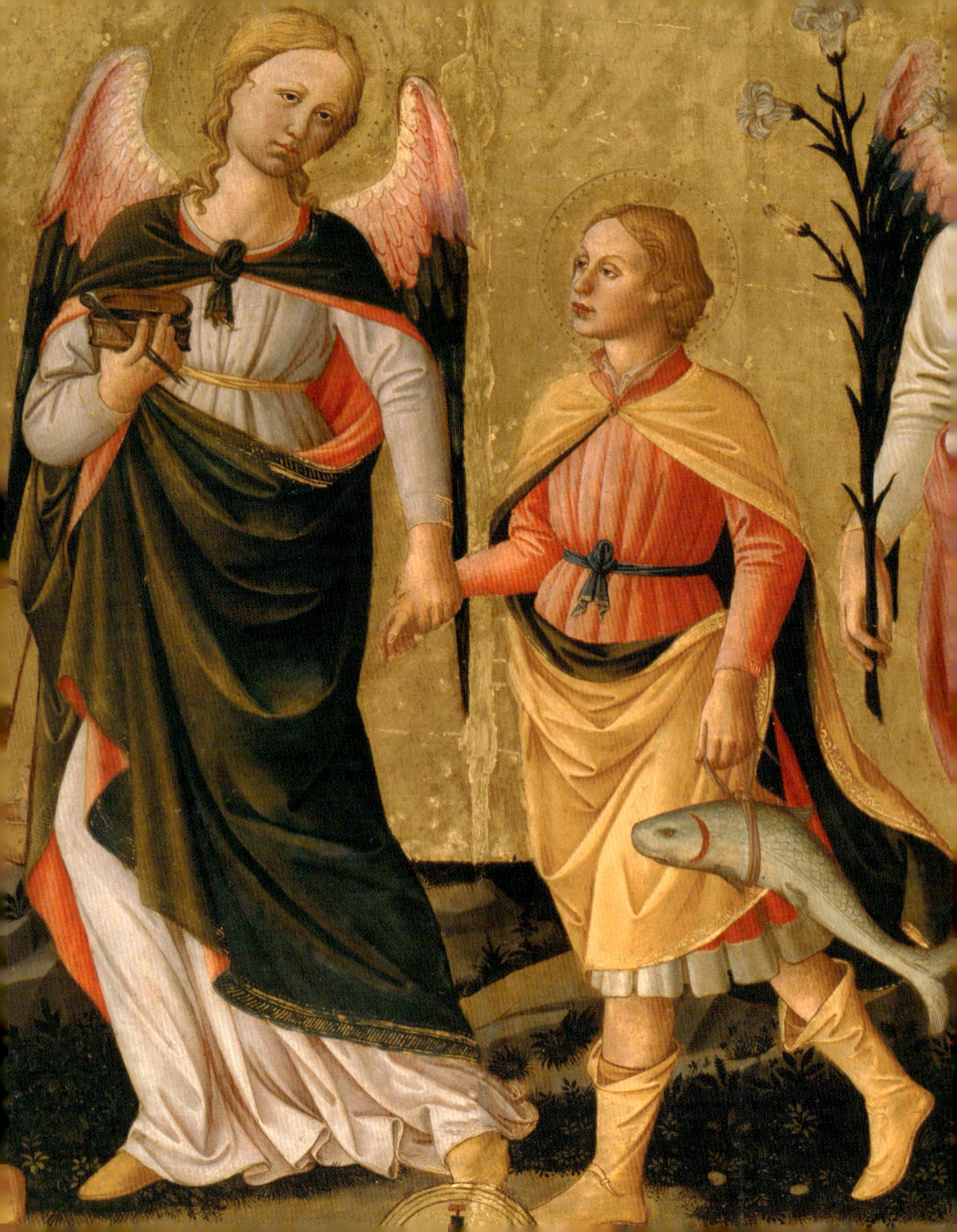

何百万もの人々に書籍や講座や放送を通じ、自分のサイキック・パワーを解き放つ方法を伝えてきた私は確信があります。サイキックなパワーを上まわる最大のパワーは直観であると。それは神である自分との絆なのです。

　内なる声が私たちに語りかけるとき、意識を通すのがひとつの方法です。意識を筋肉のようなものと考えてみてください。使えば使うほど、ときには痛みを伴いながらもそれは強くなっていきます。ニューエイジの啓蒙運動においては、罪悪感は忌まわしい言葉のように扱われていますが、実際は悪いものではなく、あって当然なのです。罪悪感が害になるのは、誤解したり強迫観念になってしまう場合です。罪悪感が人生の間違ったなにかを正すために導いてくれる限りはいいのですが、度を超すと自己憐憫や自虐的なものになってしまうのです。

　直観の声に耳を傾け、正しいと思うときはそれに従ってください。そうすればするほど、声は大きく、導きは明確になり、やがて直感的になにが正しいかがわかるようになります。難しいかもしれません。正しいとわかっていることをするには、自分のしたいこととかけ離れたことをせざるを得ないかもしれないのですから。しかし正しい選択をすることで勇気と明晰さが生まれ、低次元の自己が持ちだしてくる複雑な言いわけや混乱から自由にしてくれます。人生はとてもシンプルになり、それは素晴らしい気分です。

　次に挙げるフランシス・ドレイク卿による風変わりな祈りは、ハイヤー・セルフの絶え間なき導きを祈るものです。私には、これは純粋なスピリチュアルな道の厳しさを要約しているように思えます。これは安穏な人生ではなく自己をよりよくするための苦闘、すなわち永遠の平和にいたる唯一の道を求める人の祈りです。この祈りを拠り所に

左：ドメニコ・ディ・ミケリーノ作「トビアスと大天使ラファエル」(部分)。1480年

していたフランシス卿は、ただ優秀な海軍の提督というだけではなく、非常に正直で自分をわかっている人だったのでしょう。彼はみずからの輝かしい業績の上にあぐらをかき、楽な道を選んだりせず、より高いレベルに到達することを求めたのです。

フランシス・ドレイク卿の祈り

主よ
私たちが自己満悦に浸っているときは
どうか悩みを与えてください
夢が叶うのは
その夢があまりに小さなものだから
無事に帰り着くのは
陸地のすぐそばを航海するから

主よ
私たちが所有物であふれているときは
どうか悩みを与えてください
私たちは乾きを忘れた
命の水が命そのものと
恋に落ちてしまったから
私たちは永遠の夢を見ることをやめた
そして新しい地を築くための努力も
私たちの新しい天国の理想は
色あせてしまった

主よ
どうか悩みを与えてください
もっと果敢に挑めるように
より広い海へ漕ぎ出せるように
嵐があなたの威光を見せつけ
陸地を見失うとき
私たちは星を見つけるでしょう
どうか希望の地平線を
遠く押しやってください
そして私たちを
未来へ押しやってください
力と勇気と希望と愛をもって

フランシス・ドレイク卿 (1540-96)

子供

幼年時代というのはきわめて大切な時期です。いわゆる"よい"幼年時代を送った子供がよい人になり、"困難な"幼年時代を過ごした人が悪くなるとは限りません。それでも両親は、子供たちを光のほうへ導き、生涯暗雲をもたらすだろう混乱の闇から遠ざけてやるという重い責任があります。それはとても大変なことです。霊的にある程度悟った人でも、ときにはどうやって子供に助言し、導いていいのかわからないこともあるでしょう。

この問題については、個人的な経験から述べることができません。アリソンと私は世界全体のためにスピリチュアルな奉仕をする人生に献身したかったので、親になる道を選ばなかったのです。しかし多くの人が正しい愛と導きを自分たちの子供に与えたいという意欲に燃え、献身的につとめています。

たいていの親は子供の幸福を願うものですが、それには祈りがとても役立ちます。子供に伝えてやれる叡智を授けてくださいと祈り、その叡智を伝える方法についての導きを祈り、あるいは子供に叡智の光がじかに射すように祈ることができるでしょう。子供は私たち大人よりもマインドが発達していないので、祈りによって呼び覚まされたエネルギーに抵抗がなく、叡智の祈りでも癒しの祈りでもより速やかに反応します。

大人が唱える幼い子への祈り

あなたを包んでいる光が
あなたの中へ流れ込んでいきますように
私はその光の流れに温かな愛をこめます
私の考え得る最高の喜びが
　　あなたの胸に芽生えますように
その喜びの思いがあなたを強くし
あなたを導き
あなたに明晰さをもたらしますように
人生の道を歩むあなたの足元に
わたしはこの喜びの思いを
　　いっぱい集めましょう
その喜びがあなたの生きる意思に
　　力を与えてくれるように
そしてその生きる意思が
　　おのずと備わる力により
いっそう強まりますように

ルドルフ・シュタイナー（1861-1925）
人智学の提唱者。彼の急進的な教育法は
今日でもその名を冠した学校で実践されている。

新生児のための祈り

私はこの生まれたばかりの
　　子を抱き上げ
あなたに渡そう
あなたはこの子を生み、
　　命を与えた
この子は古木についた
　　初々しい蕾
古い家族の新しい一員
この初々しい蕾が
　　花咲きますように
この子が強く高潔な人に
　　育ちますように

カラハリ砂漠の原住民の歌。
アフリカ

右：ロレンツォ・ディ・クレディ作
「羊飼いの礼拝」
1510年頃

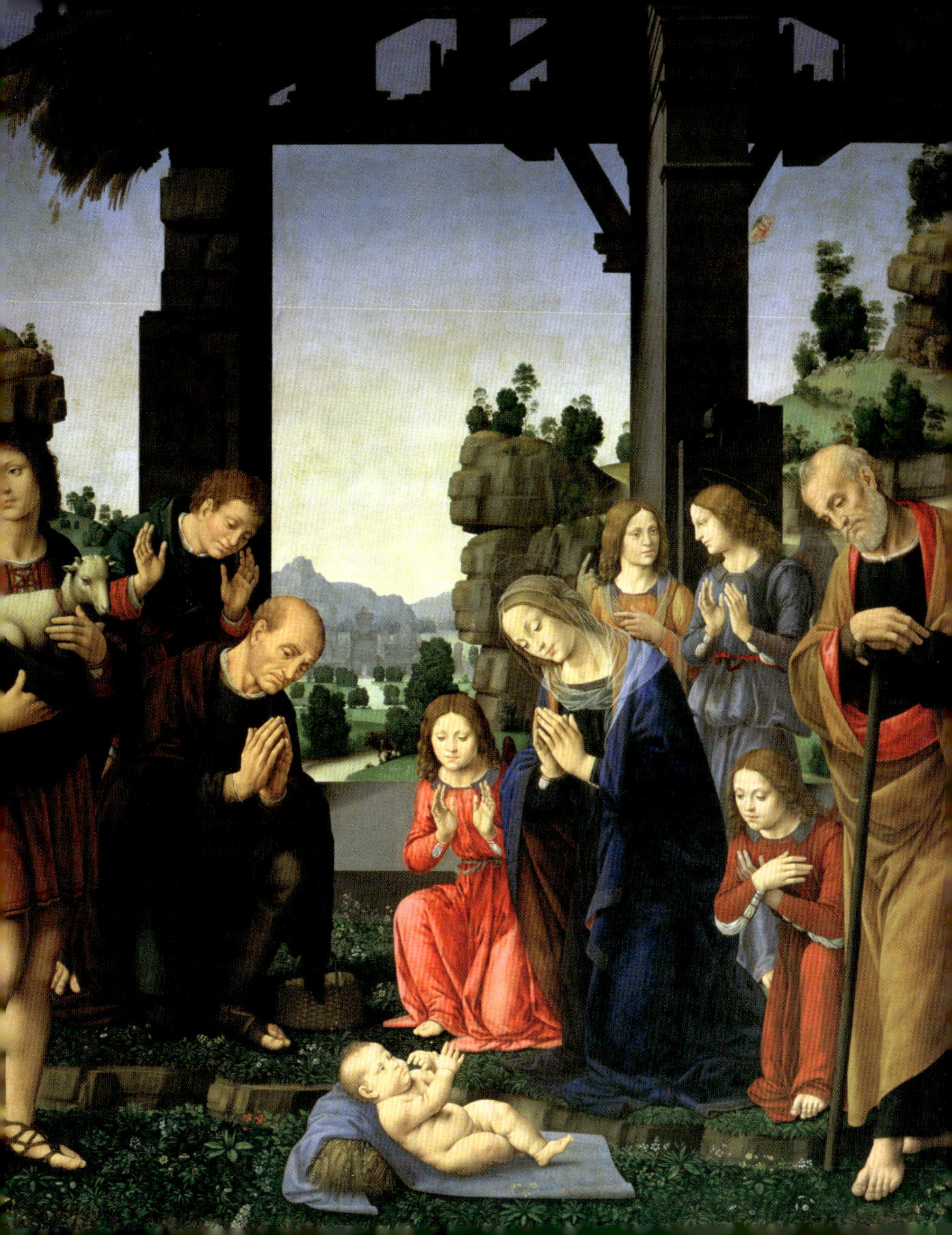

共 感

私たちはさまざまなときに、さまざまな共感をし、さまざまな方法や祈りによってそれを表すことができます。表す、ということが重要です。いくら共感しても、実際の行動で示さなければ相手の人にはなんの役にも立たないのですから。

　共感とはほかの人の苦しみをわがことのように感じることです。私たちが祈るとき、この共感の思いが愛となり、祈りのエネルギーを相手へ運びます。共感はもっとも自然な感情であり、コントロールの必要はありますが、抑圧したり無視したりすべきではありません。共感は私たちの内側の神性、つまりすべての本質、スピリットから発しているものであり、そのパワーが私たちの魂を通して表れるとき、万物への共感となり、私たちを祈りへと促すのです。ダイナミックな祈りを形容したキング博士の美しい言葉を覚えておいででしょうか。「それは魂の歌であり、魂は歌いたがっている」。

　共感を感傷と混同してはいけません。どちらも甘美な味わいですが、前者は自然で健康的な蜂蜜であるのに対し、後者は病的な精白糖です。共感は、万物はワンネスであるという内なる叡智から発する衝動です。いっぽう感傷は見かけは共感と似ていますが、物質主義の底辺にわだかまり、スピリチュアルな道を行く上では避けるべきものです。

ときに私たちは共感の思いがあふれ、行動を起こさずにいられなくなります。その情熱的な思いが自制された高いレベルのものであるとき、祈りに素晴らしい弾みをつけてくれます。遠い国で苦しむ見ず知らずの人々のために祈るとき、私たちは祈りがどんな変化をもたらしたか知りようがありませんが、私たちのハイヤー・セルフにはわかります。また私たちはこのような行為でスピリチュアルな葛藤や精神の牢獄からみずからを解放し、内なる深い平和にいたることができるのです。

私たちの内に謙虚さと思いやりが育つように願う祈り

神よ
私たちが謙虚でいられますように
みずからの行いを吟味することに
よってのみ救われますように
人々に親切な心で接せられますように
そして私たちが人に望むように
かれらの言葉や行いを
慈しみをもって判断できますように

　　　　　ジェーン・オースティン (1775-1817)

「聖ドミニクと聖フランシスの対談」（部分）。15世紀の絵画。イタリア

愛についてのイスラム教の祈り

神はこの宇宙を愛によって創られた
父として、見守ってくださるために
神こそ唯一のお方

神のような愛で愛すること以上に
最高の美しいつとめがあるだろうか
それより素晴らしいつとめは
誰も思いつけはしない

　　　　　ラーマン・ババ（16から17世紀）

ワンネスについての神智学の祈り

すべての原子の内で脈動する秘められた生命よ
すべての生物の内で輝く秘められた光よ
ワンネスの内にすべてを抱擁する秘められた愛よ
あなたと自分はひとつであるとわたしたちが感じられますように
それゆえすべてのものとひとつであると知ることができますように

　　　　　アニー・ベサント（1847-1933）

　　　　右：礼拝用の数珠を持つ「トルコ皇帝マフムード一世」。
　　　　　　　　　　　　　　　　　　　　18世紀

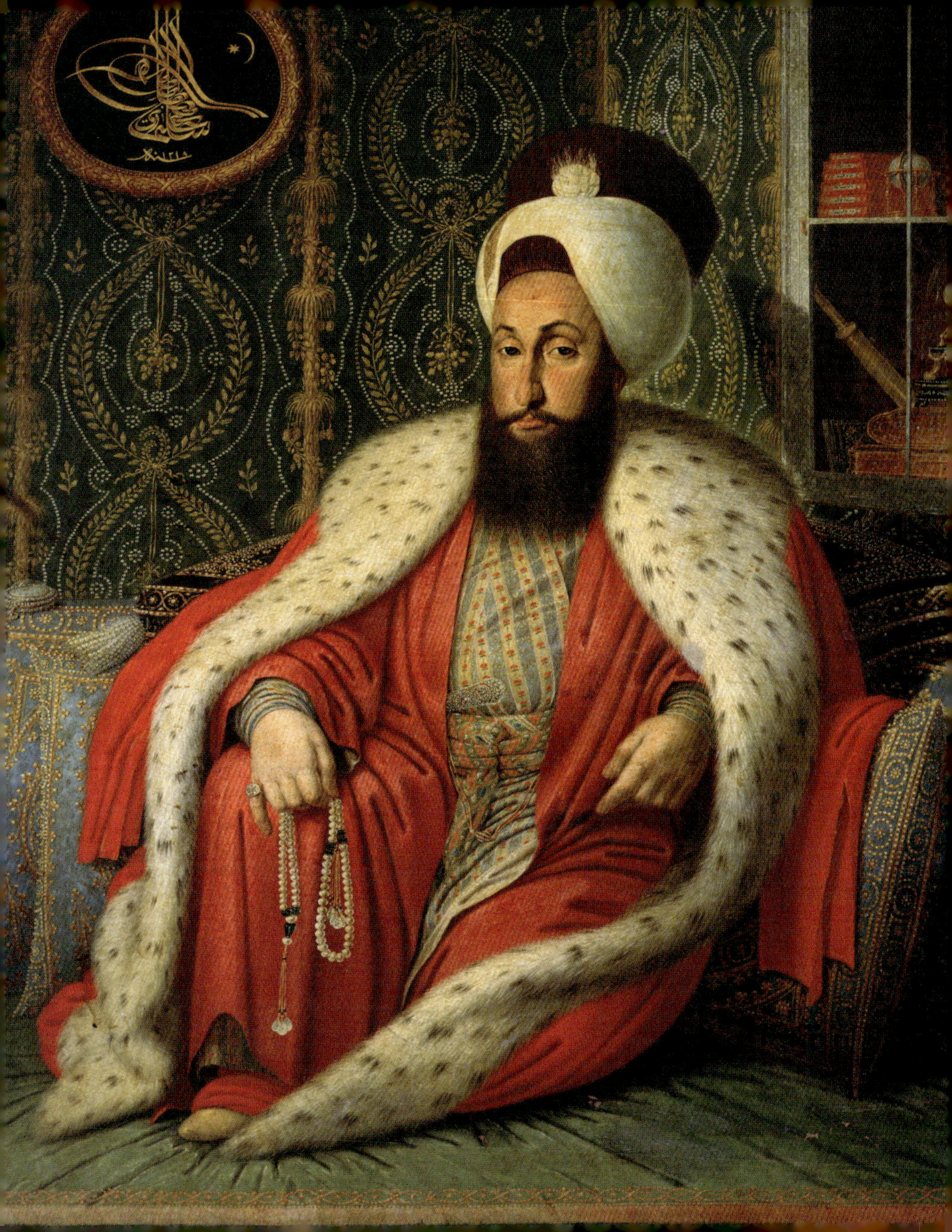

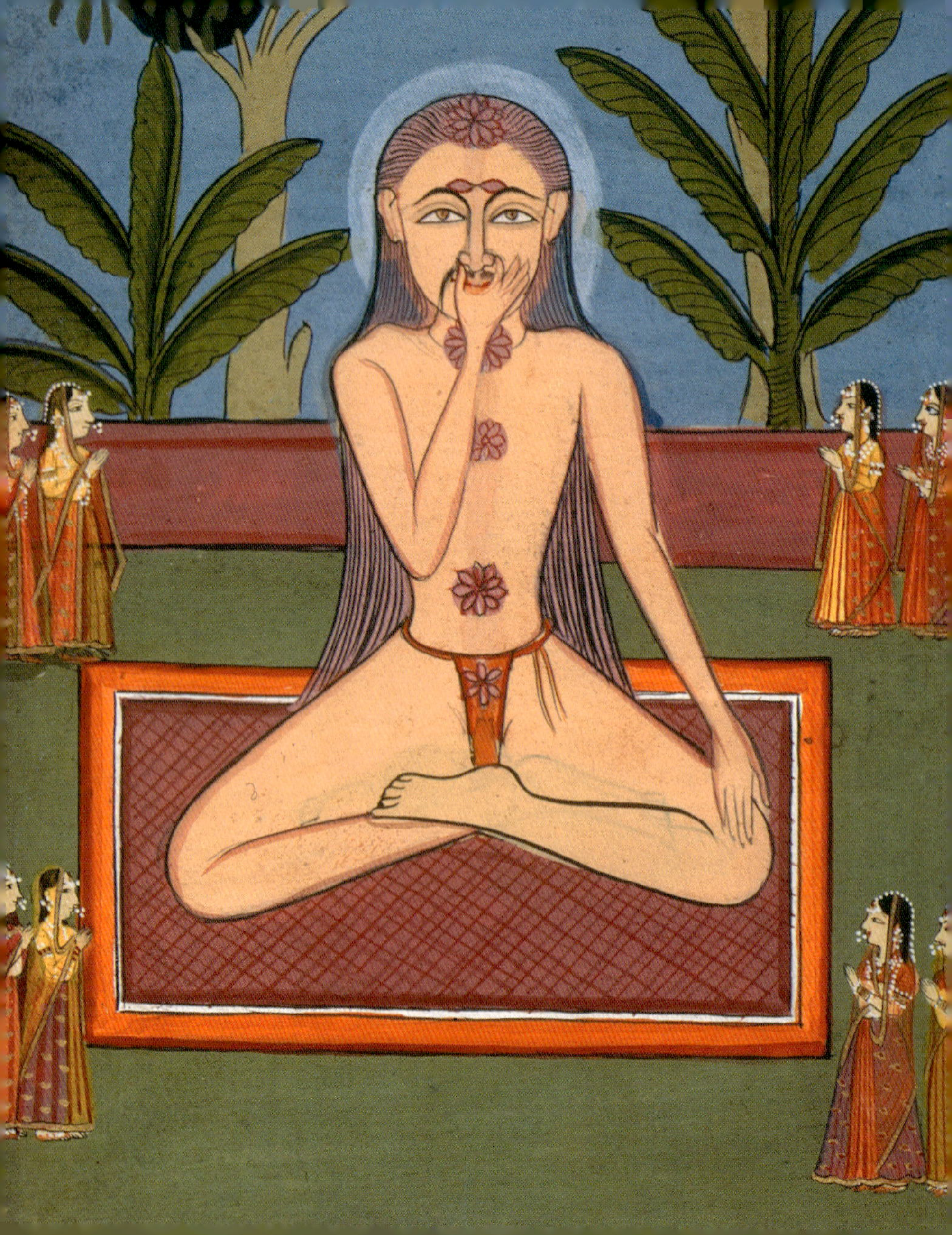

癒し

癒しはあまりにも自然な行為で、与えないほうが難しいことさえあります。一冊の本で重ねて取り上げるテーマがあるとすれば（本書のように）、まさしく癒しでしょう！

　医師や看護士の中には、スピリチュアルな癒しについて知識がなくとも、患者を助けたいという願いから無意識に治療する相手に愛の光を放つ人もいることと思います。同じように親は子供が痛がっているとき、本能的にさすってやります。手を触れることで、親は子供の具合の悪いところへスピリチュアルなエネルギーをじかに送ってやれるのです。また取り乱している人の手を握ったり、抱きしめたりすることでも、癒しの効果があります。

　誰もがスピリチュアルな癒しの基本的なやり方を習得し、1日で学べるような簡単なものからはじめて、生涯実践していくといいと思います。レイキなどを含め、ハンド・ヒーリングを学べる学校はたくさんあります。その多くは、手を主要なチャクラに当てます。このやり方はエネルギーを呼び起こし、愛をこめて相手に送るという点で、祈りとよく似ています。距離や時間やほかの理由でじかに触れることができなくても、癒しの祈りを唱えることなら誰にでもできます。

左：アーサナをするヨギを描いたインドの細密画（部分）。1760

癒しの祈り

すべての生命の背後におわします
神聖なるスピリットよ
どうぞわたしを
あなたの癒しのエネルギーの
　　チャネルとならせてください
そのエネルギーが
　　〔癒したい人の名前〕に流れて
　　いきますように
あなたの偉大な愛と活力に満ちた
　　エネルギーによって
彼または彼女またはかれらが
存在のすべてのレベルにおいて
　　力づけられますように
今、あなたの癒しのパワーの
　　チャネルとなって
お仕えできることに感謝します
神のご意思がなされますように

ロレンツォ・ギベルティ(1425-52)作の
洗礼堂東扉オリジナル・パネルより
「ソロモン王とシバの女王の会見」(部分)

　この祈りを唱えるときは、相手の現在の状態にかかわらず、白い光に包まれて元気はつらつとしている姿をイメージしてください。複数の相手に癒しを送るときは、許される時間の範囲内で、あなたを通して個別にエネルギーが流れていくように、ひとりずつ適当な間を取って祈りましょう。

動　物

本書の中では詳しい説明の必要な章もありますが、この章では説明はほとんど無用です。動物好きの人なら、ペットがエネルギーや感情や雰囲気に即座に反応することはご存じでしょう。かれらのサイキックな側面を証明する例はたくさんあります。

　動物はエネルギーに抵抗を示さないことが多く、人間よりも癒しによく反応します。左ページに挙げた「癒しの祈り」は人間を対象に書きましたが、苦しんでいる動物にも有効でしょう。動物の名前がわからないときは、その動物がいる場所や目立つ特徴などで説明します。

　動物への愛はペットだけに限らず、人間の行為によって被害を受けている動物界全体へ向けるべきでしょう。1409年以来毎年行われているチベットの大祈祷祭（モンラム・チェンモ）では、人間も動物も含めたすべての生き物の幸福を祈ります。私たちはみんな動物界に対する責任があり、そのことは祈りの生活の中で重要な部分を占めています。

　次に挙げる祈りは動物界全体へ愛を送るだけでなく、動物を虐待する人々が忌むべき行いをあらためて、生きとし生けるものの神聖さを尊重できるよう促す祈りでもあります。

動物の王国への祈り

いとも素晴らしき聖なる創造主よ
生きとし生けるすべてはあなたの美しきみわざによるもの
どうか私をあなたの
神聖な力のチャネルとしてお使いください
人間によって多大な苦しみを与えられている
動物たちの王国に
輝く光を滔々と流してあげられるように

神の創造物への愛で私の胸は満たされています
かれらはみな、豊かな顕現の一部
ワンネスであるすべての生命の一部
かれらがみな、あなたの温もりと愛で満たされますように
そしてかれらが、人間の残酷さに苦しめられることなく
自由に生きていけますように
あなたの力と愛と直観の息吹が
動物たちの王国を苦しめている人々に流れていきますように
かれらがみずから課した束縛から逃れ
ありとあらゆる形に宿る命の神聖さに気づけますように

私たちがみな、内なる神聖な火花によって導かれますように

無私の心の種が育ち、蕾をつけ、
永遠なる叡智の花が咲きますように
そして私たちの心を永遠の真理に啓いてくれますように

アリソン・ローレンス

「よき羊飼い」(部分)。ガッラ・プラキディア女帝の霊廟のモザイク画より。
イタリア、ラヴェンナ。440年頃

いくら動物を好きでも、中には危険なものもいるので注意が必要です。そういう動物は慎重に扱わねばなりませんが、祈りなら手を触れなくても驚くべき効果があります。私の友人が庭に蜂の大群が飛んできたときの話をしてくれました。近所の人たちは口をそろえて駆除してもらえと言いましたが、費用が高く、蜂にとっては災難です。

　そこで彼女は蜂が危害を加えられないよう、短い祈りを唱えることにしました。安全なリビングルームの窓から蜂に向かって、あなたたちが安全に暮らせる場所が見つかるように祈るから、と語りかけました。そしてパワフルに愛を送りました。長年ダイナミックな祈りを実践してきた彼女にとってはお手のものです。

　数分後、驚くことに蜂の大群は彼女の家を飛び越し、近くの森のほうへ去っていったのです。

セイウチの骨に彫刻された動物。イヌイット族

運命

あなたの運命はすでに書かれていますが、編集者はあなたです。より正確には、私たちのハイヤー・セルフが運命の筋書きを作り、顕在意識はそこにアクセスして実行に移していくという仕事を与えられています。それは私たちの誰もができることです。カルマはその人にできない仕事は決して与えません。運命について学び、それに見合った生き方をすることは、私たちにとって最も重要な唯一の仕事かもしれません。ほかのすべてのつとめや成長の機会はそこから生じているのですから。

運命なんて信じないという人も、人生の要所要所では意識的、あるいは無意識にハイヤー・セルフの導きにしたがい、運命に忠実に生きているのです。

わけもわからずに選択をしていく人がいるいっぽうで、運命を強く意識し、実現していこうとする人々もいます。ウィンストン・チャーチル

勇ましい立ち姿のブラフマー神の彫像（部分）。

祈りのエネルギーを活用する　127

卿とリヒャルト・ワーグナーはその顕著な例です。明確な目的意識と卓抜した偉大さは傲慢とも思われがちですが、真理を認めることは傲慢とは違います。むしろ神の偉大さを認めているわけですから、謙虚であることのあかしなのです。

　私たちの誰もが、どんなに平凡に見えようと、自分の内側の最も高く神聖な存在によって書かれた運命を持っていると考えると勇気づけられます。そのうえその運命はつねにポジティブであり、悪い運命というのはないのです。史上最悪の独裁者でさえ、経験のパターンによってネガティブな生き方を何生も重ねるかもしれませんが、善人になるチャンスが与えられているのです。そしてある日私たちは、どんなに長くかかろうとも、究極の運命を完了します。神聖なる源との結合です。

　すべての運命が華麗な冒険に満ちているわけではありません。運命すなわち名声、あるいは偉大な才能とは違います。運命とはあなたに定められた行いであり、ほかの人に定められた行いをしようとしてもだめなのです。けれど運命を私たちの人生を縛るものと考えるべきではありません。たとえ平凡でも、限界を超えて新しくより高い運命を創造していくことは可能です。きわめてまれなケースですが、それでも目線を上にすればするほど、私たちはより高く飛べるのだということは覚えておくべきでしょう。ミケランジェロがこのことを明快に述べています。「深刻な危険は、目標が高すぎて達せないことではなく、それが低すぎて届いてしまうことだ」。

右：アゴスティーノ・ディ・ドゥッチョ作。
惑星のシンボルと黄道12宮のサインを描いた連作レリーフの中のディアナあるいは月。
1450年頃

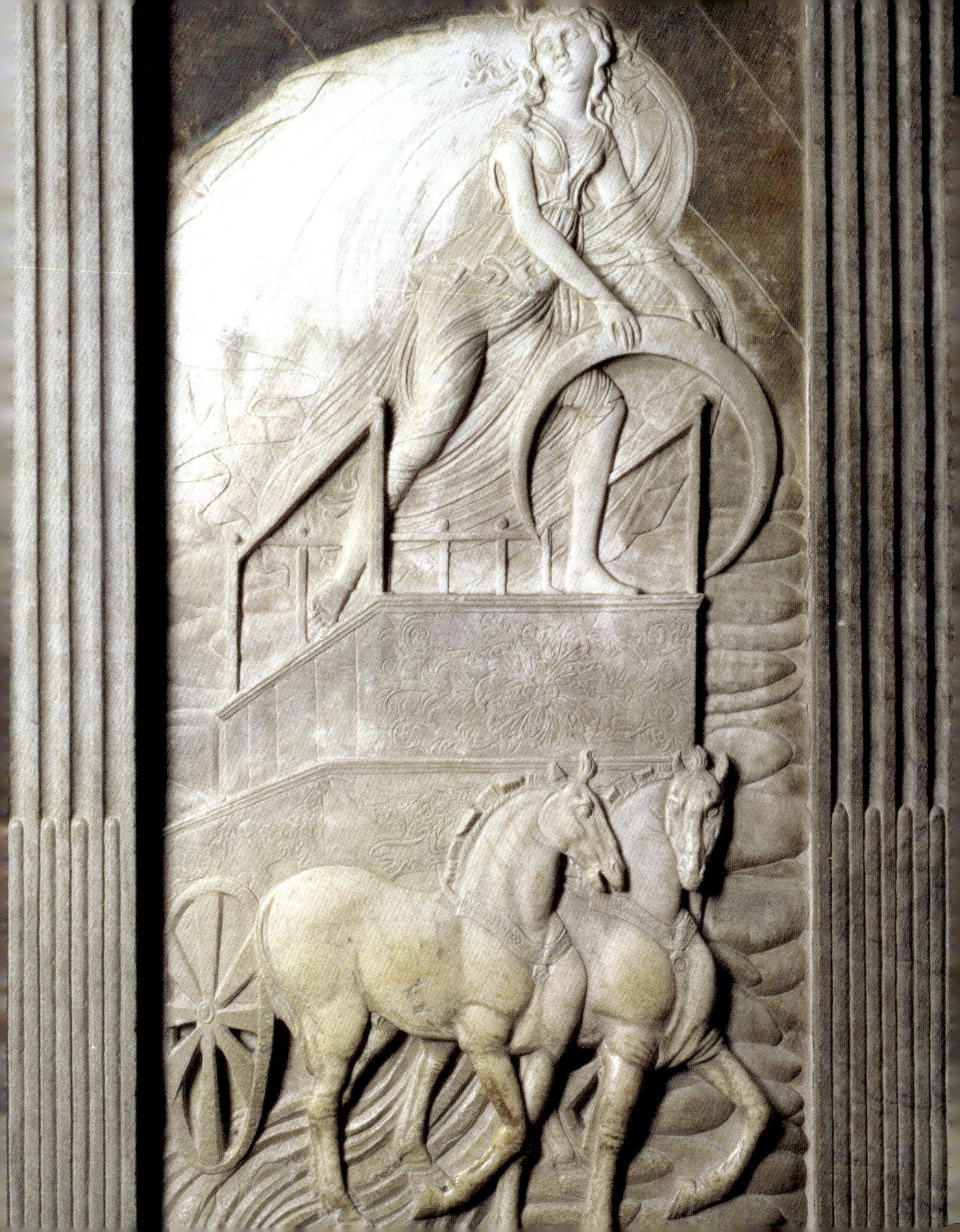

魂の目的

素晴らしき生命の創造主よ
あなたの計画にしたがって輝く
月や星や太陽のように
巡りながらあなたへと還っていく
生命に満ちあふれた銀河のように
私もまた魂の目的を明らかにできますよう
つつしんでお願い申し上げます
あなたという高く光り輝く道を
あなたの果てなき神秘の叡智に導かれ
歩んでいけますように

全能なるブラフマーよ
あなたの永遠の愛で
私の言葉と思いと行動を変容させてください
まっすぐに誠実に
あなたへと還る聖なる旅路をゆけますように
宇宙の神、法則の創造主よ
あなたの平和の愛すべき使いとして
私がほかの人々の道を照らしてあげられますように
私の素晴らしい運命が満了できますように
そして御心がなされますように

クリッシー・ブレイズ

信 仰

スピリチュアルな、そして宗教的な信念と実践の礎石である信仰にはさまざまな形がありますが、本質的にはすべて同じです。ヨーガの伝統においては"バクティ"と呼ばれ、信仰によって神と結ばれることを言います。

弟子が師や指導者(グル)やマスターに対して抱く信仰は、素晴らしく純粋な愛です。このような真にスピリチュアルな関係、欲とはかけ離れた強い博愛は、ふつうの人間関係にあてはめることもできます。ひとりの人が自分の知る尊敬するもうひとりの人に感じるのは個人的な愛ですが、博愛は神という真実の愛から生じる無私の心です。

弟子が師を愛するのは、姿形がよいとか、ユーモアがあるとか、運動能力が抜群だとか、サイキックなパワーがあるとかいう理由ではなく、未だ見ぬ真に高い存在が肉体を持って顕れているからです。弟子が師を愛するのは、愛の実践である叡智を備えているからです。叡智とは、荒れ狂う物質界の海で迷っているたくさんの船を、愛の光で導いてくれる灯台のようなものです。

そういう信仰の対象、霊的な親愛の情を抱く相手は、必ずしも実際に会ったことのある師でなくてもかまいません。たとえば2500年以上も昔に地球の反対側に生きた孔子のような神の化身(アバター)を信仰してもいいのです。安易に師を選ばず、その人の教えの価値やその人がいかに世界のために役立っているかを見て、真に信仰するにふさわしい師を探し求めるべきです。たとえば、孔子は当時の中国の人々に卓抜した教えを伝えたのは確かですが、儒教の原則を現代社会に有益に当てはめるのは非常に難しいでしょう。さらにまた、孔子やほかの古代の偉大なアバターたちの真の教えが、どれだけ純粋な形で現代に伝えられているかという問題もあります。

祈りのエネルギーを活用する

師への信仰――その師が最高の意味において純粋なマスターであるなら――は絶対的なものであるべきです。しかしこれはほかの指導者の言うことを否定したり、すべて間違いとみなせということではありません。あなたの人生においてマスターをつねに第1に、もっと言えば第2、第3、第4にも優先させるということです。

　神への信仰は必ずしも師を通じて示すものとは限りません。人類への愛や世界をよくするための活動を通して示してもいいのです。ある意味では、後者のほうがよりよい方法かもしれません。無神論者ならばこういう行動で信仰を示せばいいわけです。それはバクティ・ヨーガを通して得られる無私の心です。非宗教的な人道主義においては、神の存在が否定されているため、神が私たちになにかしてくれるという考えはありません。

　きわめて効果的な祈りは、神に、ではなく神のための祈りです。イエスや仏陀やほかの神々に助けを求めて祈るのではなく、それらの存在を助け、愛と尊敬を送り、仕えることができますようにと祈れたら、どんなに素晴らしいでしょうか。

右：石に彫刻された孔子

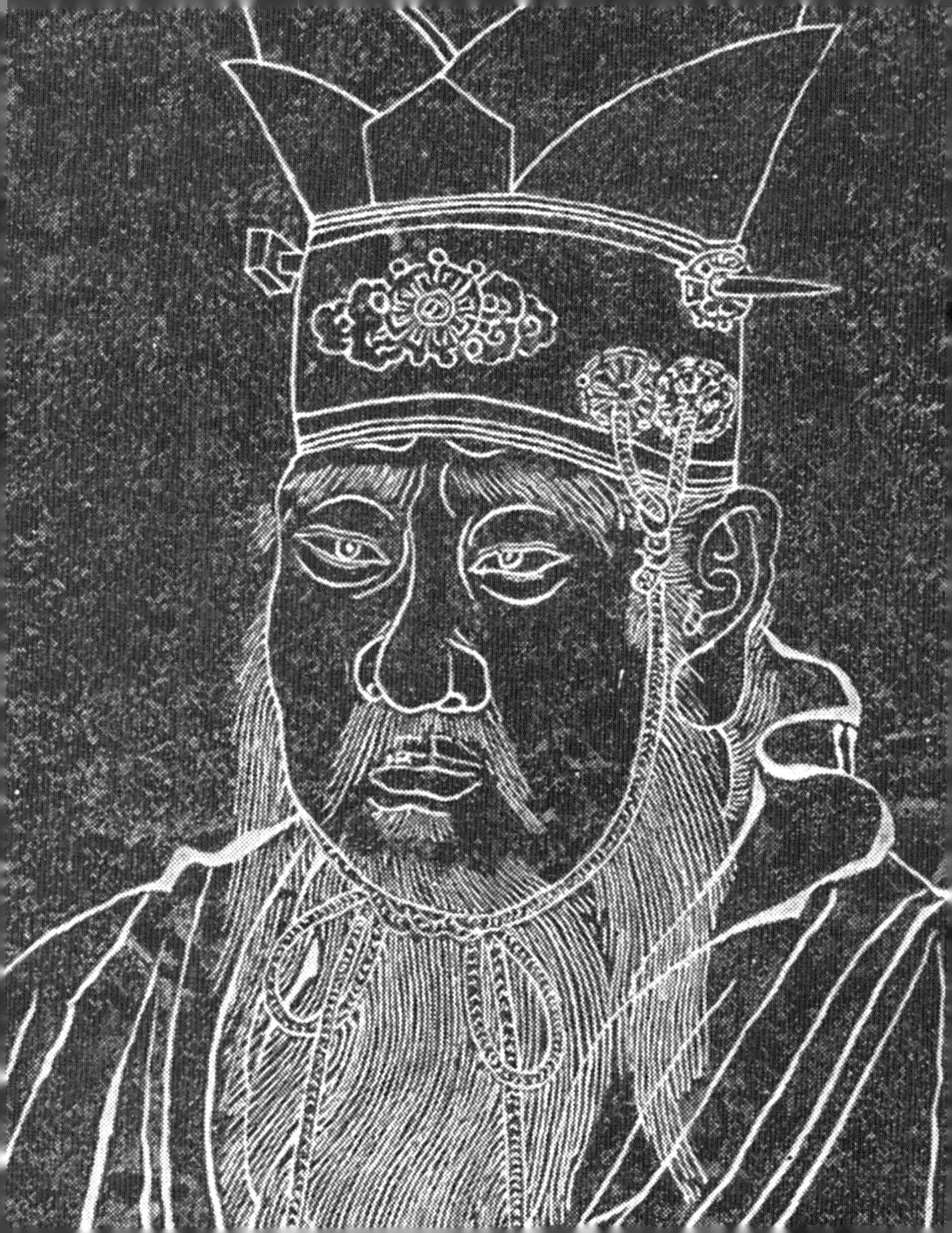

神にゆだねる祈り

主よ！　あなたにこの身をゆだねます
この肉体を受け取ってください
お望みのままにこの身をお使いください
この心を受け取ってください
この魂を、意思を、ハートを
このエネルギーを、
　　力を、富を、所有物を
私の持てるすべてのものを
主よ、私はあなたのもの、
　　すべてあなたのもの
御心がなされますように

　　　スリ・スワミ・シヴァナンダ（1887-1963）。
　　　　　　　　　　　　　　　　要約

ジョット作「主の昇天」（部分）。
1303年

シーク教の祈祷書からの抜粋

私たちを生かしめているのは神の力にほかならぬ
私たちにとって唯一の希望
ほかになにがありえようか
神こそ唯一無二のお方

鳥は金など持たず
ただ木と水に頼っている
神こそかれらに与えし者
神こそ唯一無二のお方

シーク教の教典第1巻より　マックス・アーサー・マコーリフ

賛美歌117番

みなの者、主をほめたたえよ
声も高らかに
主の情けは深く尊く
主の真実は永遠なり
ハレルヤ

ユダヤ教の賛美歌より

祝　福

祈りと同じく、祝福も愛を送る方法です。祈りと同じようにさまざまな使い道があります。守護、癒し、励まし、導き、感謝、そしてときには他者や自分の胸に燃える憎しみの火を消す助けとして。

　祝福はふつうの祈りの形で行われることもありますが、特別な手のサイン、印相でなされることもあります。

　キング博士に与えられたニューエイジの12の祝福は以下のようなものです。

平和のために働く者に祝福あれ
賢き者に祝福あれ
愛を示す者に祝福あれ
この地球に祝福あれ
感謝する者に祝福あれ
癒しを行う者に祝福あれ
母なる大地に祝福あれ
全能なる太陽に祝福あれ
偉大なるカルマの主に祝福あれ
銀河として知られる大いなる存在に祝福あれ
偉大なる創造主に祝福あれ
神なる宇宙に祝福あれ

それぞれの祝福によって対象のスピリチュアルな重要性が明らかになり、この世界、この宇宙に私たちが存在することへの崇敬の念が湧いてきます。この祝福は、p.26のイメージ・テクニックと組み合わせて行います。多くの祝福は、人間性を高める美しい祈りがあとに続きます。これらは私の知る中で最高の祝福の祈りであり、日々実践しています。次に一例を挙げます。

主の栄光を讃える祈り

すべての素晴らしき創造物の神聖なる主よ
私たちはあなたを思い、声高らかに祈ります
今 私たちは知っています
祈っているこの瞬間にそれが叶えられることを
いとも素晴らしき神よ
どうぞ人々のハートとマインドが
あなたの存在に向かって
あなたの全能の光に向かって
啓かれますように
そして人々が永遠にあなたの栄光を讃えますように
誰もが内側で火花を放ち
あなたの素晴らしいハートとつながっていることを
理解できますように
この祈りが満たされますことに
この地上に祝福が届きますことに
心からの感謝を捧げます

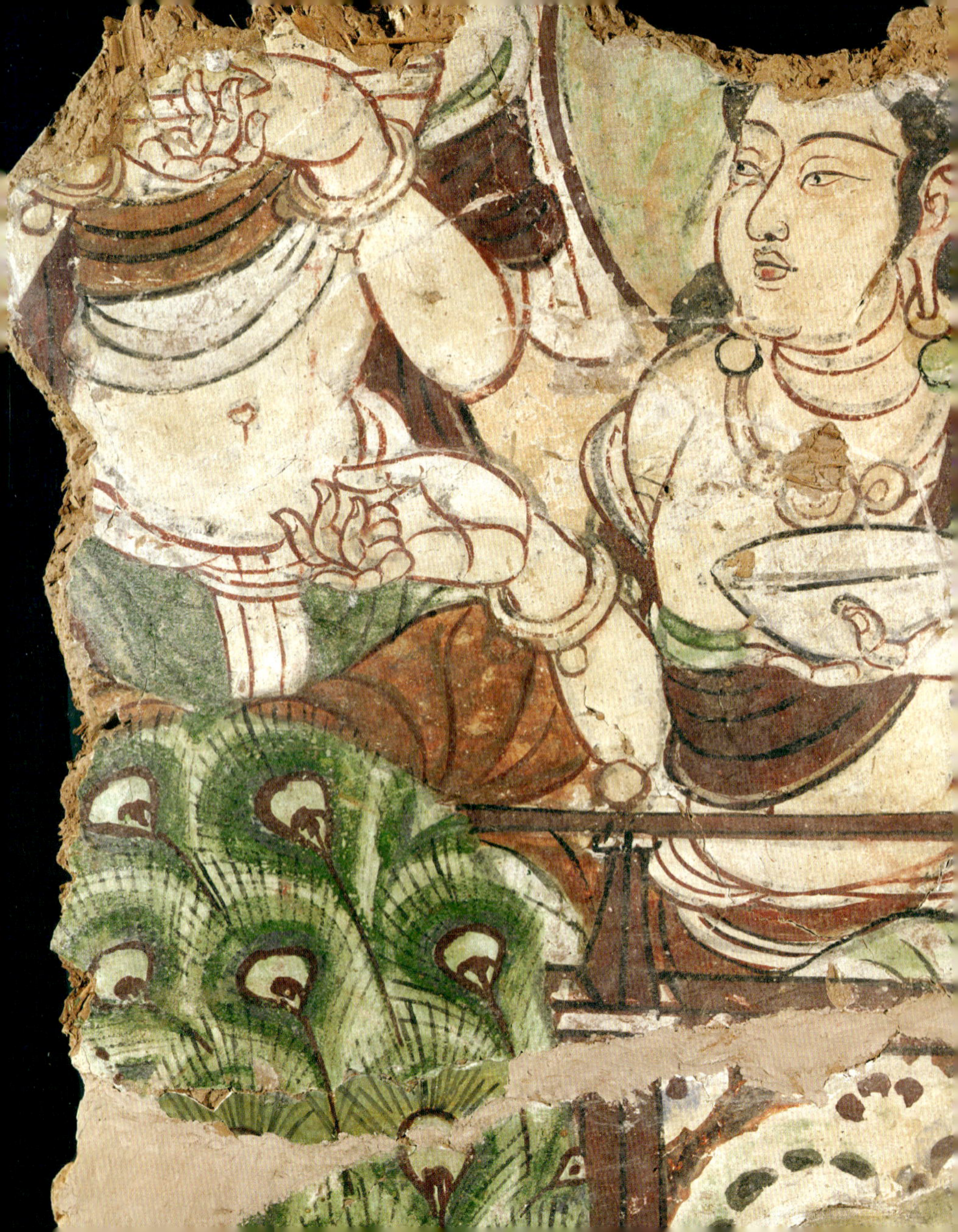

これらの祝福や祈りをキング博士は伝道活動で行い、広くメディアでも取り上げられました。これは「祈りのパワー活動（オペレーション・プレイヤー・パワー）」と名づけられ、12の祝福といくつかの聖なるマントラのチャンティングと組み合わせて行われます。呼び覚まされたエネルギーはオペレーション・プレイヤー・パワー・バッテリーと呼ばれる入れ物に蓄えられます。電子心霊現象研究の科学的技術とサイキックなエネルギーを封じ込めることのできるクリスタルを用いて、何百時間もの祈りのエネルギーが戦争、飢饉、地震など世界的危機の際に解き放つべく蓄えられています。

　エネルギーを放出した結果は、過去30年間にわたり慎重に観察されています。効果がきわめてめざましく、ポジティブな変化が起こった例もいくつかあります。キング博士の最近の活動は5つの地域で行われています。ロンドン、英国バーンスレー、ロサンゼルス、米国ミシガン州、ニュージーランドのオークランド。調べて、もしできるなら支援してくださる価値はじゅうぶんにあります。

イエスの手の細部。
サンタポリナーレ・ヌオヴォ教会のモザイク画。
イタリア、ラヴェンナ。6世紀

左：仏教の極楽を描いた壁画の断片。
ウイグル自治区のドゥルドゥル・アグール寺址より。

祈りのエネルギーを活用する

祝福は人生のさまざまな折りに行えます。正しい気持ちと適切な祈りの言葉であれば、ほんの2、3言でも、人間、動物、植物などすべての生き物だけでなく、建物や乗り物や食べ物など無生物までも祝福できます。食事の前に感謝の祈りを捧げる習慣のある人に、アドバイスがあります。祝福した食べ物をひとかけらも残さず食べましょう。食べ物に対してではない感謝の祈りもできますが、もし食べ物を祝福するならあなたが食べるつもりのものにしてください。

神の恵み

全能なる神よ
私たちの食卓の食べ物と
飲み物に感謝します
あなたのもとへ還る旅の糧を
ありがとうございます
あなたが与えてくださった
恵みを糧に
お望みにかなうよう
生きていきます
主の御心がなされますように

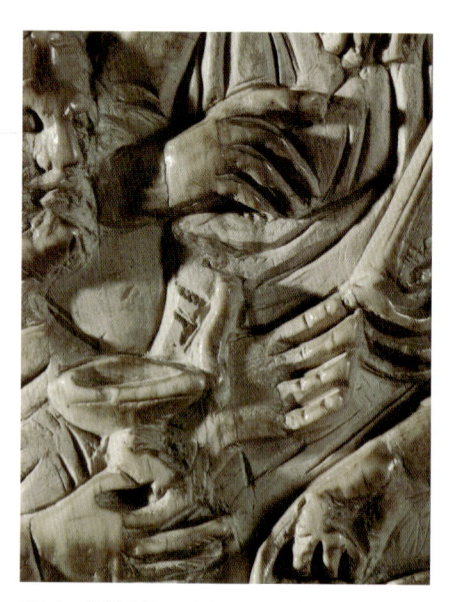

「カナの婚礼」より。水をワインに変える

　祝福を行うことで創りだされるエネルギーが、あなたの人生を内なる深い満足感で満たし、スピリチュアルなものにしていきます。祝福は魂から生じるもので、私たちのハイヤー・セルフとつながる確かな方法なのです。

宇宙

宇宙の果てしなさを思うとき、その偉大さ、多様性、純然たる驚異に畏れを覚えない人はいないことでしょう。私たちはその信じがたい驚異の一部なのです。

　宇宙の信じがたい性質について考えるにつれ、自分たち自身の本質がわかってきます。私たちは宇宙の大事な一部であるだけでなく、私たちそのものが小宇宙なのです。空間と時間という幻想をなくせば、過去も現在も未来もひとつ(ワン)であり、無という可能性の中で燃え立つ唯一の至高の炎、広大な無を照らす輝く光の本質なのです。生物は有機体であり、その背後にある力は神のパワーです。古代のインドの書物によれば、そのパワーこそが私たちの本質なのです。私たちはそれを認識しなければなりません。

　それだけでは納得できなくても、巨大な創造物が何千年もの化学反応によってできたただの無機物とは思えないはずです。それらはみな生きた存在です。私たちを住まわせている地球、太陽、銀河系はすべて生きており、いつか遠い未来に、私たちはこれらの存在とひとつになり、完全なる愛の中で溶けあうのです。この地球での学びを終えるとき、私たちは至高の存在へと還る興奮に満ちた旅に出ます。完全なる静寂の浜に打ち寄せる無限の波、永遠のはじまりを前に、神の匠がこしらえた顕現の無数の美を体験するのです。

　このような素晴らしい考えを胸に、次に挙げる12の祝福の中の完璧な美しい祈りを唱えてみてください。

銀河への祈り

あなたの内に私たちを住まわせてくださる、
神聖なる存在よ
私たちの愛を受け取ってください
あなたの中に、今この瞬間に
あなたの偉大さははかり知れないがゆえに
私たちはこの愛を捧げます
全能なる創造主エホバよ
すべての生命の憐れみ深きマスターよ
顕現の支配者よ
あなたとたゆみなき献身をしてくださる
あなたの素晴らしき天使に
限りない感謝の祈りを捧げます
このひとつなるもの(ワン)を定められた時の間、保ちたまえ
そして主の中の主、エホバよ
それをあなたの意思の内に
中心の中心へと変容させたまえ

　　　　　主イエスよりキング博士がチャネリングした祈り

右:「父なる神」ヴィンセンツィオ・レイモンディ作。
教皇パウロ3世の詩より。
1542年

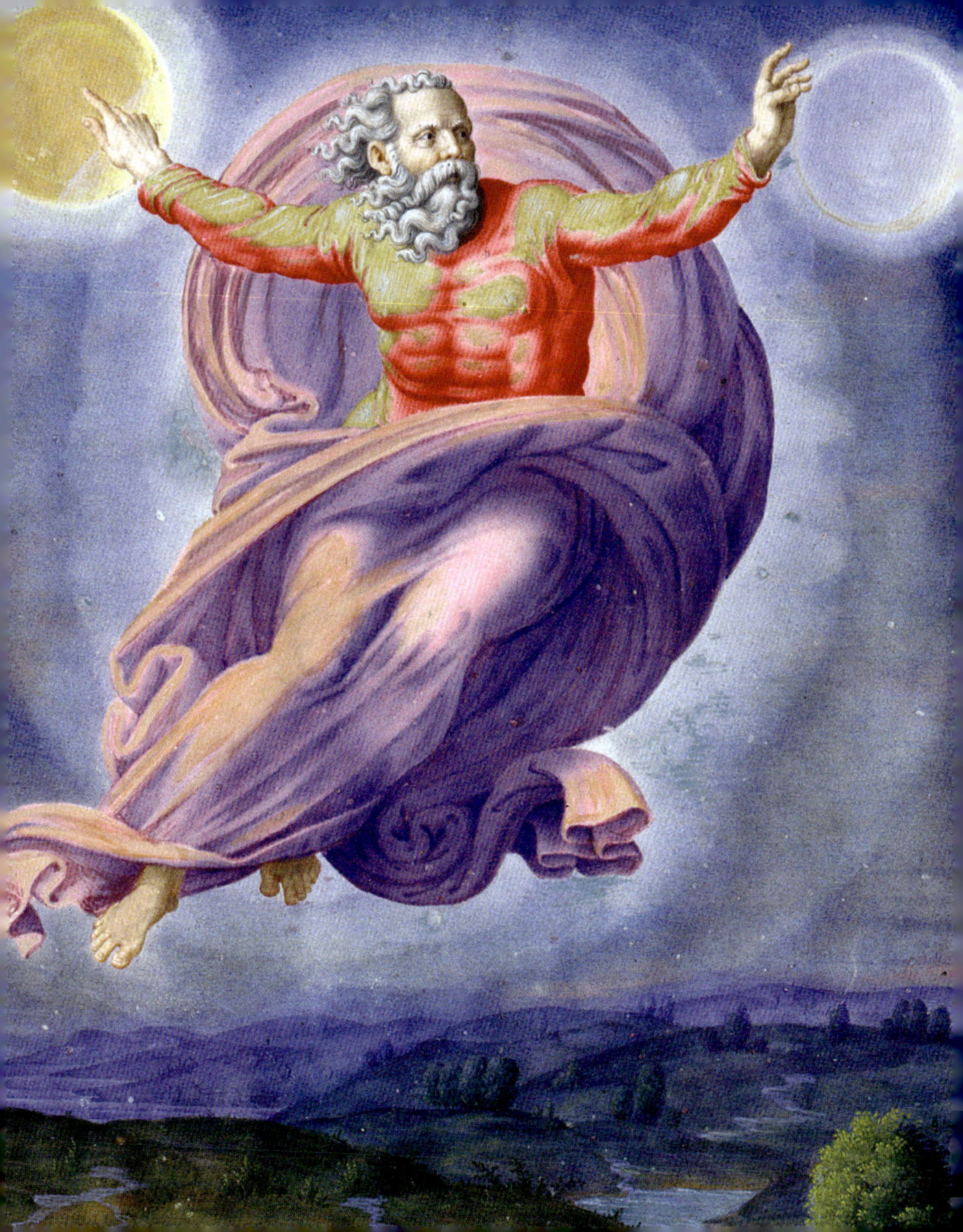

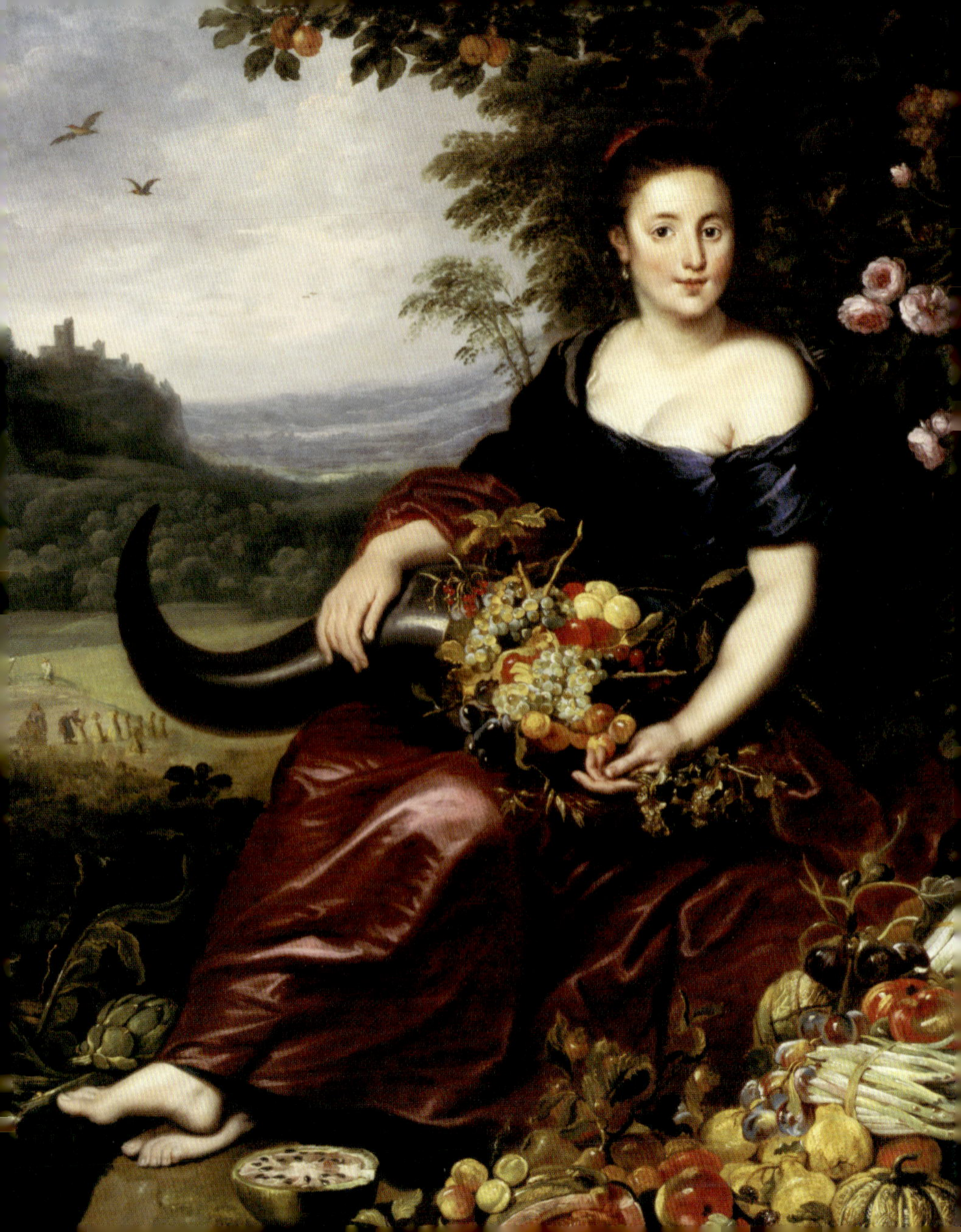

地 球

近年、人類による環境保護の理解が飛躍的に進んだことは、素晴らしい第一歩だと思います。私たちの行為の結果を認識することは、種の生き残りには不可欠です。私たちはさらに広い視野を持たねばなりません。ひとつの国が生じさせた汚染は、その国だけでなくほかの国々にも被害をおよぼします。

しかしこれらの人間中心の環境保護意識は、地球の本質をスピリチュアルな視点で理解することにはとうていおよびません。人間のために環境を保護することも立派ですが、地球のためにそうするのはもっと素晴らしいことです。アメリカ先住民やオーストラリアのアボリジニの、いわゆる原始的な大地を崇める儀式は、スピリチュアルな観点からすれば、原子爆弾やほかの破壊的なモンスターを生んだ現代科学のいわゆる"洗練されたやり方"よりもはるかに進んでいます。

オフィスで、着心地のよい服を着て、コンピューターの画面に向かいながら、無垢な直感的意識へと心をさまよわせてみてください。彼女——古代ギリシアではガイアと呼ばれた万物の母——なくしては、私たちの住みかはないのです。私たちは日々、足元の大地に感謝しなければいけません。偉大なる女神が肉体をまとい、塵ほども小さな私たちが生き、愛し、仕え、育つのを見守っている図を、心をこめて思い描いてみてください。彼女の犠牲を思い、畏敬の念を感じてください。あるいはまた、至福の境地に達した偉大な悟りの聖女がぼろをまとい、無数の蟻が足元の聖なる肉体のことなど考えもせずにその体を這いまわり、かみつくさまを思い描いてください。

左：コルネリス・デ・フォス作「大地の物語」
あふれる豊穣の角と母なる大地の恵み深さを描いている。17世紀

このように過激で不快な想像をしてみると、母なる大地への賛美の気持ちが芽生えてくることでしょう。以下に挙げるシンプルな祈りは、このような信仰を表現しています。

母なる大地への祈り

生きとし生けるものの神聖なる源よ
偉大な犠牲を払っている母なる大地へ
あなたの愛が注がれますように
慈悲深い母なる大地に
あなたの光が注がれますように
つねに彼女に祝福がありますように

　祈りの主な対象は女神としての地球（大地）ですが、大地の恵みを賛美するのももちろんいいでしょう。それもスピリチュアルな存在としての大地を愛すればこそなのですから。次に挙げるイギリスの植物学者がその気持ちを雄弁に表しています。

自然界の美しさについて

東洋の真珠や色とりどりの
珍しい宝石で飾り立てた
きれいな刺繍の
ガウンをまとうように
大地が装うのを見るのは
なんという大きな喜びか
しかしこの喜びは
表面的なものだ
真の喜びは
これらの目に見えるものを
知ることで
全能なる神の目に見えぬ
叡智と賞賛すべき御わざを
心に感じることである

　　　　ジョン・ジェラルド（1545-1612）

ガイア、母なる大地。西暦275年

成　功

もっとも誤解されている概念と言えば、成功でしょう。学校に通う子供たちのアンケート調査では、ほとんどがもっともすごいことは有名になることだと考えていました。エンターテインメントや芸術、スポーツ、その他の分野で才能を磨きたいのではなく、有名になりたいからそうするのだと。有名と無名の境界はあいまいで、有名人だからという理由で凡庸な人までも偉大なことを成し遂げた人々と同じように祭り上げられる傾向があります。

　作家のG.K.チェスタートンは、決まり文句の中に真実を見いだすことに人生を捧げたと言います。私の成功の定義は、決まり文句でもあり真実でもあります。成功とはその人がいかに世界を改善したかで測られる、と。

　成功のもうひとつの判断基準は、あなたの内に秘められた可能性をどれだけ認識しているかだと思います。成功というのはいわば個人的な達成です。それは人のために役立つという目標と、内なる自己の可能性を実現していくことの両方にあります。

　最高の成功に満ちた行いとは、間違いなく人の役に立つことです。それは次に挙げる祈りに要約されています。マーク・ベネットが翻訳したアッシジの聖フランシスのスピリットによるフランス語の祈りです。

聖フランシスのスピリットによる祈り

主よ、私をあなたの平和のためにお使いください
憎しみがあるところに、愛をもたらせますように
罪があるところに、ゆるしを
争いがあるところに、和合を
過ちがあるところに、真実を
疑いがあるところに、信頼を
絶望があるところに、希望を
暗闇があるところに、光を
悲しみがあるところに、喜びを
主よ、慰められたいと望むのではなく、慰めたいと思えますように
理解されたいと望むのではなく、理解したいと思えますように
愛されたいと望むのではなく、愛したいと思えますように
与えることで、受け取れるのだから
自分を忘れることで、自分を見つけるのだから
ゆるすことで、ゆるされるのだから
死を越えることで、
永遠の命を
得られるのだから

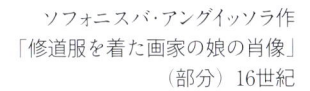

ソフォニスバ・アングイッソラ作
「修道服を着た画家の娘の肖像」
（部分）16世紀

平 和

　タオ思想によると、心が静かなとき、宇宙全体がそこにゆだねられるといいます。私たちの現代社会は、内なる平和の大切さを見失い、その代わりにより興奮をかきたてる刺激的な物事を追い求めています。物質主義の発展、家族の扶養、増え続ける仕事のストレス、娯楽への激しい欲求、不健康な刺激物の摂取などで、多くの人々は内なる平和とはかけ離れた状態にいます。

　その結果、さまざまな調査や医学的研究で、ストレスのレベルは史上最悪であることがわかっています。休職する人のほとんどがストレスに起因する病気だとの報告もあります。

　多くの人はリラックスできることをすれば、心の平和が得られると信じています。それも確かに有効ですが、ただリラックスするだけでは深い平和と幸福は感じられないでしょう。インドのウパニシャッド哲学によれば、低い自己の意識が波のように平和の海へと引いていくと、真の自己に触れられると言います。それは物質的な欲求から離れ、瞑想することで叶えられるのです。

　現代においては、それよりもさらに素晴らしい方法をおすすめします。自分たちよりもほかの人々の苦しみに目を向けるのです。戦争や災害で苦しんでいる人々を見れば、自分のささいな悩みなどにかまっていられないはずです。

　世界平和のために努力することであなたは内なる平和を見いだすでしょう。それには祈りのエネルギーを送る以上に素晴らしい方法はありません。以下に挙げるのは、偉大なヨギ、スワミ・シヴァナンダの美しい祈りの要約版です。どうぞ活用してください。

世界平和のための祈り

敬愛する主よ！　完全な平和が全世界に広がりますように
すべての国の人々が純粋な愛の絆で結ばれますように
すべての人々が平和と豊かさを享受できますように
宇宙全体に永遠の深い平和が訪れますように
すべての人が永遠の平和を理解しますように
世界の幸福のためにすべての人が献身し、調和して働けますように
私たちすべてが宇宙的な愛と兄弟姉妹の絆で結ばれますように
すべての人々の顔に神を見ることができますように！

慈悲深き主よ！
理解し、ゆるし、受け入れる心を私たちにお与えください
主よ！　自己とのワンネスを確かめられるよう
叡智を見るための内なる目をお与えください

東に平和がありますように
西に平和がありますように
北に平和がありますように
南に平和がありますように
上に平和がありますように
下に平和がありますように
この宇宙のすべての生命に平和がありますように

スリ・スワミ・シヴァナンダ (1887-1963) 要約

刺激や利己的な気持ちで得た幸せはすぐに消えてしまいますが、内なる平和から得たスピリチュアルな幸せはずっと続きます。ときにはほかの人々に奉仕するために、内なる平和から離れざるを得ないこともあるでしょう。けれどその平和はいつも心の内にあり、機会があれば戻っていけるのです。

　つねに平和で幸せだと主張する指導者たちは、スピリチュアルな試験に落第すると思います。たとえばスワミ・ヴィヴェーカーナンダのように、偉大な精神的指導者はみな、信じがたい歓喜と同時に絶望のどん底を経験しています。主イエスの生涯も幸福だったとは言いがたいでしょう。本当に苦しむ人々と接することで共感と悲しみを味わったからこそ、仏陀はスピリチュアルな道に身を捧げる決心をしたのです。

「幸福とは目覚めた人が立ち上がること、
　幸福とは真の法則を教えること、
　幸福とは寺院の中の平和、
　幸福とは平和な人々の信仰」

法句経194節より

　私たちの誰もが内なる平和を見つけられます。私の限られた経験からも約束できますが、そこには怖いほど深くはかりしれない平和があるのです。数年前、私はこの平和をほんの少しだけ垣間見ることができました。その深遠なる平和の中ではすべてが完璧に正しい。それが私にできるせいいっぱいの表現です。当時、私はそのときの感覚を以下のように記しました。

右：渓斎英泉作「月明かりで読む日本婦人」
19世紀

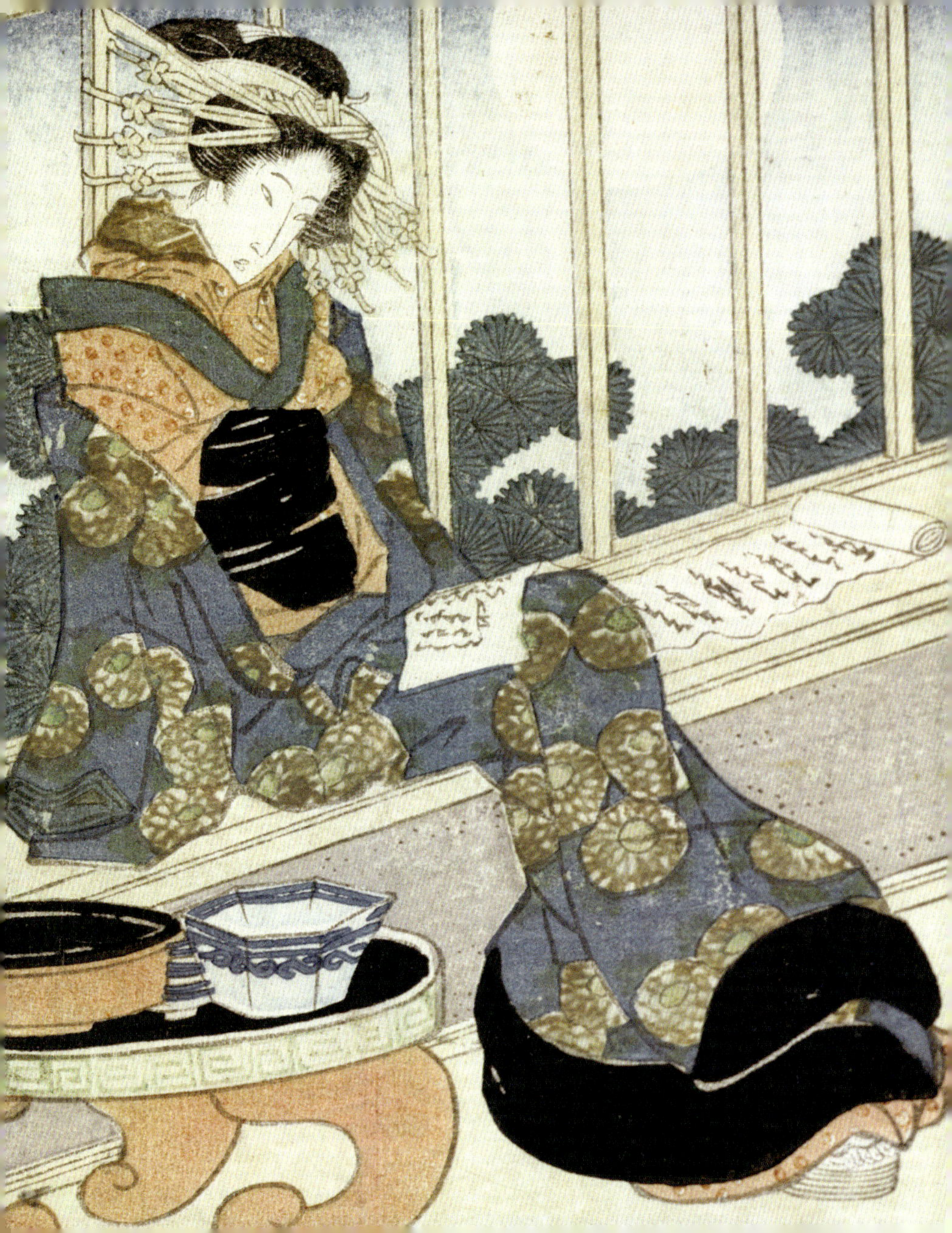

それが正しいことだから

私の全身の腱にしみとおり
奥底に安らぐ私という存在を包み込む
完全なる平和　静かに、満たされている
なぜこんなことが？
「それが正しいことだから」と答えが返ってきた
正しいという感覚が全身にあふれる
すべてが可能だ
理性を越えた力
けれどどこまでも論理に叶っている
誰が反論できよう？
誰が反論したいと思うものか！

　時と方法を心得ていれば、祈りに満ちた日々は、間違いなく平和な人生となるでしょう。次に挙げる詩編23番の抜粋は、スピリチュアルな道を歩むことで得られる平和を象徴しています。

賛美歌23番からの抜粋

主は私の羊飼い　私はなにも求めない
主は私を緑の野に横たわらせてくださる
主は私を静かな水辺に導いてくださる
主は私の魂をふたたび元気にしてくださる
主は私をまっすぐにおそばへ導いてくださる

　　　　　　　　　　　　　　　　ユダヤ教の聖書より

世界

本書の最終章はもっとも大切な話をします。ここまで読まれた方はもうおわかりと思いますが、祈りのもっとも意義深く有効な活用法は、世界のために祈ることです。

　本書の中では活用できる祈りをいくつか挙げましたが、一番素晴らしいのはp.31の「新しき主の祈り」です。ここではさらに、世界の改善と幸福のために活用できる祈りを挙げます。

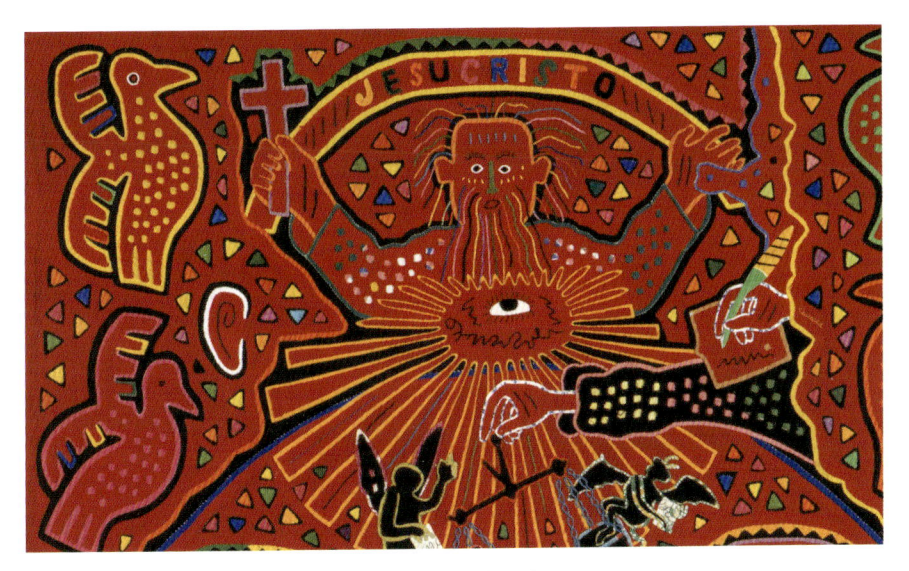

世界の創造を描いたネイティヴ・アメリカンの刺繍作品（部分）。
1925年

祈りのエネルギーを活用する

世界のための祈り

全能なる主よ、すべてのものを内と外から照らす光よ
あなたの素晴らしい愛の力が
私たちの苦しんでいる世界に注がれますように
今このときに!
この瞬間にも苦しみ、途方に暮れているすべての人々の
ハートとマインドがあなたの愛で満たされますように
あなたの愛が偉大な癒しの光となって
病に苦しむ人々に安らぎを与えてくれますように
絶望と孤独の中にうち捨てられたように感じている人々を
元気づけてくださいますように
世界を導く責任のある人々に叡智を吹き込んでくださいますように
私たちのこの地球(ほし)に永遠の平和をもたらしてくださいますように
素晴らしき尊き神よ
私たちに力と強さをお与えください
内側へ、上へ、永遠に手をのばし、私たち自身の神性に届きますように
そしてつねにすべての生命がワンネスであることを
意識していられますように

レイ・ニールセン

　偉大なヨギや真の神秘主義者たちはみな、もっとも深遠な瞑想の状態は"ワンネス"であると言います。この状態に達すると、ワンネスであることを信じるとか、ワンネスであることを感じるとかいうのではなく、私たちはみなひとつであるという状態を体験し、わかるのです。そのような悟りの状態に到達すると、私たちは世界全体とそこに生き

るすべての生命のために身を捧げるようになります。悟りを得た人々はみなそうしてきました。

　ジョン・ダンはこう言いました。「ひとりだけでは島にはなれない。すべての人々が大陸の一片であり、全体の一部なのだ」。あなたが世界のために祈るとき、それはこの真実を知り、小さなかけらではない人類全体への責任を感じているのだという表明なのです。

　ワンネスの唯一の論理的結論が世界への奉仕であるなら、世界への奉仕はワンネスにいたるもっとも確かな道です。そしてこの真理を生きるためのもっとも素晴らしい方法は、できるだけ多く、できるだけパワフルに、世界のために祈ることです。

アフガニスタン、ヘラートの焼き物

PRAYER CREDITS

Page 76: extracts from *The Rubais of Rumi* translated by Nevit O. Ergin and Will Johnson, Rochester, VT 05767, copyright © 2007 Inner Traditions/Bear and Co. (www.InnerTraditions.com).
Page 90: 'Common Prayer' is reproduced from *Gems of Prayers* by Sri Swami Sivananda by kind permission of the publisher, the Divine Life Society.
Page 107: 'A Vedic Prayer for Fearlessness' is reproduced from *The Vedic Experience* by Raimundo Panikkar by kind permission of Darton, Longman & Todd Ltd.
Page 108: 'Affirmation of the Disciple' was originally published in *Telepathy and the Etheric Vehicle* by Alice Bailey and is reproduced by kind permission of the copyright holder the Lucis Trust (www.lucistrust.org).
Page 114: 'Prayer for Very Small Children' by Rudolf Steiner was translated by Mark Bennett.
Page 118: 'A Muslim Prayer about Love' is reproduced from *Selections from Rahman Baba* (translated by Jens Enevoldsen) by kind permission of Poul Kristensens Forlag, DK-Herning.
Page 134: 'Oh Lord! I Surrender Myself unto Thee' is reproduced from *In the Hours of Communion* by Sri Swami Sivananda by kind permission of the publisher, the Divine Life Society.
Page 151: 'Prayer for World Peace' is reproduced from *Gems of Prayers* by Sri Swami Sivananda by kind permission of the publisher, the Divine Life Society.

PHOTOGRAPH ACKNOWLEDGMENTS

p1 bronze statue of Buddha Ratnasanbhava, Tibet (10th century); Musée Guimet/Bonora/ BAL; p2 "The Ancient of Days" by William Blake (1794); British Museum/akg/Erich Lessing; p3 detail from "Mary of the Annunciation" by Hans Strigel the Younger (1465); Staatsgalerie/akg; p5 detail from "Angel Holding an Olive Branch" by Hans Memling (15th century); Louvre/Giraudon/BAL;
p6 detail from "Adoration of an Angel" by Fra Angelico (c.1430–40); Louvre/BAL; p8 detail from "Mary Admiring Jesus" by Fra Filippo Lippi (c.1459); akg/Orsi Battaglini; p9 National Museum, Paro, Bhutan/akg/Erich Lessing;
p11 Metropolitan Museum of Art/BAL;
p12 "Mandala of Amoghapasa", Nepalese School (19th century); Musée Guimet/BAL;
p13 detail from "The Coronation of the Virgin Mary" by Dieric Bouts the Elder (1455); akg/Erich Lessing; p15 detail from "Deasa", Buddhist monks holding prayer beads, Korean School; Gahoe Museum, Jongno-gu, South Korea/BAL; p16 private collection/© Michael Graham-Stewart/BAL; p19 private collection/ photo © Christie's Images/BAL; p20 San Vitale, Ravenna, Italy/BAL; p23 detail from "Madonna and Child" by Jacopo Palma (Il Vecchio) (15th century); private collection/photo © Christie's Images/BAL; pp25/26 Musée Guimet/BAL;
p27 akg/Cameraphoto; p28 detail from "St Peter", Byzantine mosaic (c. AD 700); St Peter's, Vatican/BAL; p32 detail showing Egyptian pharoah Akehenaton, making offerings to the sun god (c.1350 BCE); National Museum, Cairo/akg/Erich Lessing; p35 Pinacoteca di Brera, Milan/akg/Erich Lessing; p36 Ajanta, Maharashtra, India/BAL; p37 detail from "The Coronation of the Virgin Mary" by Dieric Bouts the Elder (1455); akg/Erich Lessing; p38 National Gallery, London/akg/Erich Lessing; p41 private collection/BAL; p44 National Museum of Karachi/Giraudon/BAL; p45 detail of a Thangka, showing Amoghasiddhi, one of the five transcendental Buddhas, Tibet (late 14th century); Musée Guimet/akg/Erich Lessing; p47 © The Trustees of the Chester Beatty Library, Dublin/BAL; p48 akg/Ullstein Bild; p50 detail from "Christ's Farewell to the Holy Women" by Lucas Cranach (1520); Kunsthistorisches Museum, Vienna/akg/Erich Lessing; p51 Louvre/akg/Erich Lessing;
p52 detail from "The High Priest welcomes the Virgin Mary", mosaic; Chora Monastery, Istanbul/akg/Erich Lessing; p53 Monreale, Sicily/ BAL; p54 detail from Thangka of Vajrsattva Mandala, Tibetan School (18th century); private collection/Archives Charmet/BAL; p55 Archaeological Museum, Saranth/akg/Jean-Louis Nou; p59 Buddha meditating, from
painted textile; Musée Guimet/Giraudon/BAL; p61 detail from an Indian miniature, "Hanuman tells of Rama's return" (1652); akg/British Library; p62 akg/British Library; p63 National Museum, Seoul/BAL; p64 head of a giant bronze Buddha; National Museum, Bangkok, Thailand/ Giraudon/BAL; p65 private collection/photo © Boltin Picture Library/BAL; p66 private collection/BAL; p67 Fitzwilliam Museum, University of Cambridge/BAL; p68 © National Museums of Scotland/BAL; p71 akg/British Library; p73 ©The British Library Board/All rights reserved/BAL; pp74/75 Brooklyn Museum of Art, New York/gift of Anthony A. Manheim/BAL; p77 Convent of St Teresa, Avila, Spain/BAL; p79 Gemaeldegalerie Alte Meister, Germany/photo © Museumslandschaft Hessen Kassel/BAL; p80 Akademie der Bildenden Künste, Vienna/akg/Erich Lessing; p83 Sant'Apollinare Nuovo, Ravenna, Italy/akg/ Erich Lessing; p85 akg/British Library; p86 Museo di San Marco dell' Angelico, Florence/ Giraudon/BAL; p89 National Museum

of Scotland/BAL; p91 akg/British Library; p92 Basilica di Sant'Apollinare Nuovo, Ravenna, Italy/akg/Cameraphoto; p93 detail from "Annunciation with St Joseph and St John the Baptist" by Filippino Lippi (c.1485); Museo e Gallerie Nazionali di Capodimonte, Naples, Italy/BAL; p94 Royal Museum, Phnom Penh/akg/Erich Lessing; p95 Museo e Gallerie Nazionali di Capodimonte, Naples, Italy/BAL; p96 angels in a heavenly landscape from the Journey of the Magi cycle by Gozzoli (c.1460); Palazzo Medici-Riccardi, Florence/BAL; p97 akg/British Museum; p98 National Gallery, London/BAL; p100 Fitzwilliam Museum, University of Cambridge/BAL; p103 Salarjung Museum, Hyderabad/akg/François Guénet; p104 detail from a hanging scroll depicting an autumnal moon, by Sakai Hoitsu (19th century); Detroit Institute of Arts, Founders Society Purchase/BAL; p106 National Gallery, London/ BAL; p107 National Museum of India, New Delhi/BAL; p109 meditating Buddha, Chinese, Ming Dynasty (1350); akg/Electa; p110 Galleria dell'Accademia, Florence/akg/Rabatti-Domingie; p113 detail from "The Madonna of Humility" by Lippo di Dalmasio (1390–1400); National Gallery, London/BAL; p115 Galleria degli Uffizi, Florence/BAL; p116 detail from "Adoration of an Angel" by Fra Angelico (c.1430–40); Louvre/ BAL; p117 Santa Maria di Castello, Genoa, Italy/BAL; p119 Topkapi Palace Museum, Istanbul/BAL; p120 akg/British Library; p122 Museo dell' Opera del Duomo, Florence/BAL; p123 doves, mosaic (c.AD 450); mausoleum of Empress Galla Placidia, Ravenna, Italy/akg/ Cameraphoto; p125 akg/Erich Lessing; p126 © National Museums of Scotland/ BAL; p127 Pallava, Madras/BAL; p129 Chapel of the Planets, Tempio Malatestiano, Rimini, Italy/BAL; p131 detail from "Angel with Olive Branch" by Hans Memling (c.1433–94); Louvre/akg/Erich Lessing; p133 akg; p134 Cappella degli Scroveni, Padua, Italy/akg/Cameraphoto; p138 Musée Guimet/BAL; p139 mosaic, detail of the hand of Jesus (6th century); Sant'Apollinare Nuovo, Ravenna, Italy/akg/Erich Lessing; p140 carved ivory plaque; akg/Erich Lessing; p143 Bibliotheque Nationale, Paris/BAL; p144 Johnny van Haeften Gallery, London/BAL; p147 National Museum, Damascus/akg/Jean-Louis Nou; p148 "A Choir of Angels" by Simon Marmion (1459); National Gallery, London/BAL; p149 photo © South-ampton City Art Gallery, UK/BAL; p150 detail from "The Annunciation to Mary" by Simone Martini (1333); Galleria degli Uffizi, Florence/ akg/Rabatti Domingie; p153 photo © Leeds Museums and Galleries (City Art Gallery)/BAL; p155 private collection/akg/Mörchel-Hartmann; p157 akg/Gerard Degeorge.

akg = akg-images
BAL = The Bridgeman Art Library

索引

あ
愛についてのイスラム教の祈り　118
新しき主の祈り　31
癒しの祈り　122
大人が唱える幼い子への祈り114

か
神にゆだねる祈り　134
神の恵み　140
共通の祈り　90
銀河への祈り　142
暗闇に光を　102

さ
賛美歌23番からの抜粋　154
賛美歌136番　94
賛美歌117番　135
シーク教の祈祷書からの抜粋　135
自然界の美しさについて　147
主の栄光を讃える祈り　137
新生児のための祈り　114
12の祝福　136
純粋さと清らかさの祈り　105
聖フランシスのスピリットによる祈り　149
世界のための祈り　156
世界平和のための祈り　151
祖先の祈り　101
それが正しいことだから　154

た
旅立ちに向けて　92
魂の目的　130
弟子の確言　108
動物の王国への祈り　124

は
母なる大地への祈り　146
フランシス・ドレイク卿の祈り　112

ま
魔術的祝福の祈り　108
魔術の祈り　94
明晰さへの祈り　105

や
勇敢さを求めるヴェーダの祈り　107

わ
私たちの内に謙虚さと思いやりが育つように願う祈り　117
ワンネスについての神智学の祈り　118

著　者：リチャード・ローレンス (Richard Lawrence)
　　　　もと『オブザーバー』紙のコラムニストであり、世界的なベストセラー作家。"mind-body-spirit (心と体と魂)"の思想運動において高い尊敬を集めている。誠実な人柄と幅広い経験と人気のあるワークショップ・スタイルの講座で知られ、精神世界の専門家としてアメリカ全土に何百万人という聴取率を誇る〈コースト・トゥ・コーストAMラジオショー〉をはじめ、世界中のラジオやテレビ番組に数多く出演している。処女作『Unlock Your Psychic Power (仮題：あなたの中のサイキック・パワーを解き放つ)』は世界的なベストセラーとなり、最近の著作『God,Guides.Guardian Angels (仮題：神、ガイド、守護天使)』は、『キンドリッド・スピリット』誌の読者投票で2007年のもっとも優れたスピリチュアル書に選ばれた。

翻訳者：石原 まどか（いしはら まどか）
　　　　東京女子大学英米文学科卒業。『木曜日の朝いつものカフェで』(扶桑社)をはじめ、別名義にても訳書多数。

Prayer Energy
祈りの力を活かす

発　　　行　2010年3月15日
発 行 者　平野　陽三
発 行 元　ガイアブックス
　　　　　〒169-0074 東京都新宿区北新宿3-14-8
　　　　　TEL.03(3366)1411　FAX.03(3366)3503
　　　　　http://www.gaiajapan.co.jp
発 売 元　産調出版株式会社

Copyright SUNCHOH SHUPPAN INC. JAPAN2010
ISBN978-4-88282-731-3 C0014

落丁本・乱丁本はお取り替えいたします。
本書を許可なく複製することは、かたくお断わりします。
Printed in China